U0029773

叛離、抗議與忠誠

EXIT, VOICE, AND LOYALTY
Responses to Decline in Firms, Organizations, and States

阿爾伯特・赫緒曼
lbert O. Hirschman——著

宗義、許雅淑——譯

獻給　歐金尼奧・科洛爾尼（Eugenio Colorni, 1909-1944）

他教我掌握小觀念

及其如何可能擴展

推薦語

赫緒曼一直有一種從局部轉向整體的獨特視野，並對人性始終保持絕對的樂觀。

——《外交事務》（*Foreign Affairs*）

赫緒曼的實證方法已超越了一般的左／右派分類範疇……他致力於復興社會科學中的人文本質，將經濟學、政治學、社會學、心理學、歷史學和哲學重新聯繫起來。

——《美國展望》（*Look*）

這本非凡精妙的書，是一場精采的跨學科分析演練，探究市場力量與非市場力量之間的互動，如何影響了發展與衰退過程……赫緒曼提出忠誠理論，做為叛離與抗議之間的關鍵因素：忠誠可延遲叛離，並透過可能的叛離，讓抗議變得更為有效。

——《經濟學雜誌》（*The Economic Journal*）

名家推薦

赫緒曼的學問既深且廣，在社會科學與政治思想諸多領域，皆留下深刻的原創貢獻。他善於化繁為簡，筆觸間洋溢幽默感。他輕盈的文風，與其厚重的生命經驗，形成引人入勝的對比。《叛離、抗議與忠誠》這部代表作，展示了赫緒曼如何以簡潔而優美的思路，進入複雜問題的分析。

——吳介民，中央研究院社會學研究所研究員

這是一本剖析人性如何影響公共議題參與的經典鉅作，想要了解社會運動起源的讀者千萬不可錯過。

——何明修，國立臺灣大學社會學系教授

這是跨越社會科學領域大師的傑作，透過獨具慧眼的視野與精妙的分析，對叛離、抗議和忠誠提出動見觀瞻的見解，是一本社會、文化、政治、經濟學的不朽經典名著，值得大家悉心拜讀。

——宋鎮照，國立成功大學政治學系暨政經所特聘教授

社會學想像與經濟學推理最巧妙的結合，此生僅見，精彩非凡，寫成就注定傳世的當代經典！推薦社會科學領域的同行，以此為範，反覆揣摩，取法最高標準，以本書為起點。

——耿曙，浙江大學社會學系「校百人計畫」研究員

這是繼《反動的修辭》（吳介民譯，原新新聞出版，現由左岸出版）後，臺灣翻譯的第二本赫緒曼著作。就如《反動的修辭》，作者在本書發揮御繁以簡的分析功力，在短短篇幅內精彩地探討「叛離」、「抗議」與「忠誠」三個重要概念對組織發展的影響。

作者跳脫「經濟學家的偏見」，從不完全競爭市場中漸失青睞的產品與衰退企業著手、到社會組織而至國家，深入演繹上述這組概念的作用與互動，更提出如何藉制度設計讓市場機制（叛離）與政治行動（抗議）發揮效能。

赫緒曼是個充滿現實感的哲人，寫作本書是為了回應自己所處年代的重要議題；在如今全球化時代中，他半個世紀前提出這組重要概念的交互作用又會有哪些新變形？這值得讀者更深入推演。

這是一本企業經營者、乃至政黨與國家領導人不可錯過的好書。

——顧爾德（郭宏治），新新聞周刊總主筆

毫無疑問,沒有一個人的頭腦比得上赫緒曼——如此的獨創、詼諧、新奇而難以捉摸。

——史丹利・霍夫曼(Stanley Hoffmann)

國際關係著名學者,哈佛大學歐洲研究中心創辦人

我無法自拔的迷戀這本書……它將許多吉光片羽組織了起來,而這些都是我先前一知半解的。

——約瑟夫・克拉夫特(Joseph Kraft),美國著名記者

赫緒曼的研究改變了我們對於這些議題的了解:經濟發展、社會制度、人類行為、認同與忠誠的本質。

——阿馬蒂亞・沈恩(Amartya Sen)

1998 年諾貝爾經濟學獎得主

赫緒曼教授的小書滿溢著許多全新觀念……他的論證背後有著豐富到令人稱奇的社會與文化做為註腳。

——肯尼斯・阿羅(Kenneth J. Arrow)

新古典經濟學大師,1972 年諾貝爾經濟學獎得主

極具創見的文章，點出了一些我們當代最引人關注的經濟及社會問題。我懷著崇高的敬意與興致閱讀本書，也樂見當代有這麼一位思想如此通透的作者。

——約翰·高伯瑞（John Kenneth Galbraith）
自由派經濟學家，曾任羅斯福、甘迺迪等總統的經濟顧問

一本充滿想像力的小書。書中的訊息對經濟學、政治科學，以及所有涉入政治問題的學科領域，都極有用處。……赫緒曼對當前問題與組織所提出的討論，是這本書最為人稱道之處。他的基本論點，即叛離與抗議之間存在的共生關係，是極為重要且令人信服的。這讓赫緒曼得以將之運用至眾多當前議題。他為政治問題開拓了新的分析洞見，且能一再被加以應用。

——丹尼斯·穆勒（Dennis C. Mueller）
維也納大學榮譽教授

推薦序
在衰退年代重溫經典之作

林宗弘

中央研究院社會學研究所研究員

　　阿爾伯特・赫緒曼（Albert O. Hirschman）的經典著作《叛離、抗議與忠誠：對企業、組織與國家衰退的回應》（*Exit, Voice, and Loyalty: Responses to Decline in Firms, Organizations, and States*）一書是社會科學界的經典之作，感謝商周出版與譯者李宗義博士及許雅淑女士的熱誠與努力，使本書繁體中文譯本得以在臺灣出版。本來經典之作無須學徒如我替大師贅言，然而，為了替本書增添一點時空連結，請容許我在本書之前，簡要地討論一下兩岸三地當前的時局與本書的關係。

　　本書開宗明義批判社會科學界太過輕忽組織的衰敗，而且將市場機制優勝劣敗的生存法則視為理所當然。如作者破

題所言，組織衰敗經常無法透過淘汰來解決，特別是淘汰若涉及壟斷與零和的權力遊戲，統治者就寧可組織衰敗、血洗對手也要維持自身的存活，這不僅發生在政治上，也可以發生在企業裡。

近年來，兩岸三地華人社會不但有密切的互動，而且各自面對嚴重的組織衰敗問題。在中國大陸，政治上的抗議已經不可能，仍有不少人想辦法要假裝或真心向黨國表忠誠並賺錢，或賺到錢想叛離，導致當局實施嚴格的外匯管制；政治自由萎縮中的香港，則由於雨傘運動等大型抗議無法促成政治改革，造成青年人才逃離的效果——出現九七年之後的再次移民潮。

在臺灣，雖然政治上的參與或抗爭有一定的效果，但如同筆者與共同作者們在《未竟的奇蹟：轉型中的台灣經濟與社會》（李宗榮、林宗弘編，2017）一書中指出的，臺灣集團企業領導菁英的老化，傳子女不傳賢的家族血統專制主義，皆造成了權貴階級複製、家族企業封閉衰敗、技術創新行為停滯、青年低薪與人才外流等經濟後果。最近，所謂企業缺工或一例一休等勞資政策所引起的爭議，也反映了臺灣社會青年世代對企業大老闆們說「江西」話卻言行不一的不滿。

　　本書作者主要站在一般人——消費者或普通公民的立場，看待抗議與逃離的選項。如果說有尚未完成的議題值得學界持續努力，大概是反過來處理統治者與企業家的決策困境，或可將之陳述為圍堵（防止叛離）、鎮壓（防止抗議）與收買（忠誠）吧！近年來，政治經濟學研究當權者的策略已經有相當程度的進展，重讀《叛離、抗議與忠誠》或許有助於華人面對政治經濟組織衰敗的今日，思索未來的改革出路。

推薦序
在知識與實踐之間跨界的思想家

張鐵志

政治與文化評論人

1

赫緒曼總是不斷在跨越邊界，不論是地理上的邊界，或者學術領域的疆界。

他的前半生，宛如一個革命家與戰鬥者。

一九一五年，他出生於柏林的猶太人家庭。十六歲時，他加入社會民主黨，想要抗衡正崛起的納粹。兩年後，在他父親葬禮後的第二天，他前往法國攻讀經濟理論，接著又去倫敦政經學院就教於海耶克門下。

一九三六年，西班牙內戰爆發，他坐上火車往巴賽隆納加入共和軍對抗佛朗哥的法西斯主義。日後他回顧說：「我知道法西斯主義正在擴張，我不能只坐在那什麼也不做。」但共產黨、社會主義黨和托派之間的鬥爭讓他疲憊，他又回到巴黎做研究，但不久後又加入法國軍隊對抗德軍。當一九四〇年法國陷入希特勒手中，他參與地下救援組織，幫助可能被迫害的猶太知識份子逃到西班牙，這些人包括政治理論家漢娜・鄂蘭、畫家夏卡爾、藝術家杜象等等。

當他自己也可能面臨逮捕時，他翻過庇里牛斯山，在一九四〇年十二月來到紐約。

在美國，他先在柏克萊大學擔任研究員，開始寫他的第一本書《國家權力和對外貿易的結構》（*National Power and the Structure of Foreign Trade*）（這本書在我念政治學博士時仍在書單上）。幾個月後珍珠港事件爆發，他加入美國軍隊，先被派去阿爾及爾，後來又擔任德國戰犯審判的翻譯官。

戰爭結束之際，他回到美國，參與了幫助歐洲重建的馬歇爾計畫。

一九五二年，在世界銀行推薦下，他前往南美洲正在內戰中的哥倫比亞擔任經濟顧問。他帶著紙和筆，走遍整個國家。這是他第一次去南美洲，而此後他會一去再去。

　　四年後，他回到美國，在哈佛、耶魯、哥倫比亞大學之後，他來到普林斯頓的高等研究學院，此後就一直在這個古老的學院任教。

2

　　赫緒曼崛起的學術領域是發展經濟學。憑藉在拉丁美洲的經驗和過人的洞見，他在一九五八年出版的《經濟發展策略》（*The Strategy of Economic Development*）以嶄新的觀點引起許多關注。在接下來的十年又繼續出版兩本著作，完成「發展三部曲」。

　　在那個時期，拉丁美洲具有發展的前景，赫緒曼尤其被視為一個樂觀主義者。但到了一九六〇年代後期，世界出現劇烈的變化，刺激他寫出了《叛離、抗議與忠誠》這本經典著作。

　　他寫這本書時，是在史丹佛大學行為科學研究中心（Center of Behavioral Studies）擔任訪問學者（當時的所長是知名政治學者阿蒙〔Gabriel Almond〕）。這一年，一九六八年，也是世界最動盪的一年。美國反戰聲浪升高、金恩博士被暗殺、街頭衝突不斷，而他出生和成長過的德國和法國也

都出現巨大的學生革命浪潮，墨西哥軍方則在街頭屠殺藉由該國舉行奧運期間來抗議獨裁的學生。

走過世界的赫緒曼當然不可能不關心這些事。他的傳記中提到他當時的檔案中充滿了各種時事的剪報，從黑豹黨到日本與拉丁美洲的比較。他也在那時正好讀到一篇關於當時消費者運動代表人物拉爾夫·納德（Ralph Nader）的訪問文章。赫緒曼寫信給他，說想更了解人們如何採取行動回應那些影響市場的大型公司，納德很熱情地回應了。

這本書最早起源自一個問題：奈及利亞的鐵路運輸為何在卡車出現後表現更糟。答案很直觀：因為當人們轉向卡車，鐵路公司就不思改進。然而，身處於那個巨大風暴的年代，赫緒曼認識到在上半世紀維繫著公共生活的各種制度——政府、企業和大學等制度——嚴重衰退，而公民、消費者、學生採取不同的回應策略，或者出走離開，或者抗議。他也發現無論經濟學和政治學都不能完整思考這些問題：經濟學把世界當作供需法則運作的市場，所以主要關心經濟行動者的叛離；政治學主要關心公民和國家的關係，所以更關注抗議。他需要整合兩者。（他在書中更替政治學說話：「我們需要一個經濟學家重新喚醒受到壓迫的政治學家，找回他們的身分認同與榮耀的感受。」）

　　這本書出版之後大受歡迎，因為其不只呼應了不滿的時代精神，對現實的分析帶來新的視野，也為政治學和經濟學理論提出重要貢獻。更不凡的是：這是一本字數不多的小書，且用日常的語言討論問題，因而能捕捉到人們日常的內心糾結和複雜的行為。

　　這本書所反映的，也是他在這段期間越來越感覺到的，社會科學的學科分工造成知識的狹隘。他希望可以建立一個「統一的社會科學」，包括政治學、經濟學、社會心理學和道德學。他之所以選擇在一九七四年去普林斯頓大學的高等社會科學院，除了因為不喜歡教書，還有就是他可以和人類學者紀爾茲（Clifford Geertz）一起在這機構中創造新的社會科學院，這是知識整合的好場域。

　　但時代真的是越來越壞。在拉丁美洲，巴西的軍事威權主義在一九六八年後越來越強硬，智利選出了一個社會主義派的總統阿葉德（Salvador Allende），似乎帶來希望，但卻在一九七三年在美國支持的政變中被炸死。這件事震撼了赫緒曼。他訪談過阿葉德，並將其視為拉丁美洲重要的改革者，現在不僅他死了，許多赫緒曼的舊識也被逮捕或消失。

　　這些變化衝擊了他的樂觀主義。曾經，五〇年代和六〇年代初，學術界被現代化理論主導，相信經濟發展會帶來政

治的現代化。但現在的事實似乎並非如此。

學術界也有一波新的思考。在政治學，杭廷頓（Samuel Huntington）在一九六八年出版的《轉變中社會的政治秩序》（*Political Order in Changing Societies*）對現代化理論提出重大挑戰。阿根廷學者歐當那（Guillermo O'Donnell）在一九七三年出版的《現代化與官僚威權主義》（*Modernization and Bureaucratic-Authoritarianism*）更是掀起典範轉移，而這兩位都和赫緒曼關係密切：他在哈佛和杭廷頓一起合開過課，他和歐當那在耶魯認識，並在七〇年代有諸多合作。

這讓赫緒曼想要好好探索「經濟成長的政治後果」。他決定回到十七世紀資本主義和代議民主開始時的政治與經濟思想史尋找答案，尤其是對人性的思考。一九七七年他出版《激情與利益》（*The Passions and the Interests: Political Arguments for Capitalism before its Triumph*），成為另一本經典。

因此，《叛離、抗議與忠誠》可說是赫緒曼學術研究的分水嶺之一。從早期對拉丁美洲經濟發展的研究，到此書開始整合政治學與經濟學（和社會心理學），七〇年代後隨著世界變化，他更從思想史領域去探索政治、經濟和人性本質。

3

很少有學者像赫緒曼一樣，有一個如此精彩與驚險的人生，不斷跨界，甚至不斷自我顛覆——他自稱有「自我顛覆」的傾向，甚至出了一本以此為名的文集。

諾貝爾經濟學獎得主阿馬蒂亞・沈恩說，赫緒曼的研究改變了我們對於這些議題的了解：經濟發展、社會制度、人類行為、認同與忠誠的本質等等。

但這樣的一個學者不喜歡大理論，而喜歡小的理念：「一點一滴地去理解現實，並承認自己的主觀性。」他說：「我一直不喜歡普遍性的原則或抽象的法則。我認為在我們能夠診斷病人之前，必須要去實地探視病人。去了解案例的特殊性與獨特性是關鍵的。社會世界是不斷變動的，沒有不變的法則……不可預期的事件經常會發生……。」

「我總是反對某些社會科學家的方法論……他們想從對五十年幾個國家研究出的成果，演繹出對未來可能變化的結論……我總是更有興趣打開可能性，去看看有什麼可能發展，而不是從統計推論來預測實際上什麼會發生……我對預測毫無興趣。」

這些基本態度都是和主流社會科學——尤其當政治學嚴重被經濟學殖民——大不相同的方法論。社會世界是複雜的,人性和人的行為動機也是複雜的,不應該被化約為幾個變數,不應該只是追求簡約(parsimony)和通則。他對於經濟學所預設的自利人性,對於公共選擇學派如奧爾森(Mancur Olson)所談的集體行動的邏輯也都很不滿。因為那都太簡化。

用他的書名來說,他相信「利益」之外,人性也會追求「熱情與利益」:他在青春時曾冒著生命危險去抵抗不義、追求更高貴的目標,就說明了一切。

這個熱情也是在他在學術背後最大的動力。赫緒曼最大的跨界不只在地域,不只在學術領域,更是在知識與實踐之間。主流的學術研究要求人們要客觀、要專注於學術,不要介入現實政治,但赫緒曼不同:他對現實的強烈熱情,對理解與改變他所面對世界的強烈慾望,促使他去不斷越界、去運用被不同學科斷裂的知識,去穿梭於二十世紀的當下現實到十七世紀的思想史,然後成為這樣一個我們這個時代最卓越的思想家。

後記

　　對於赫緒曼，我自己有著很私人的感受。首先，關於「經濟成長的政治後果」這命題，是我從政治學碩士到博士班的核心關懷：因為我唸碩士班的九〇年代，臺灣的情況是威權時代的政黨仍然在民主化繼續執政，而高所得的香港與新加坡甚至沒有民主化，再加上正在經濟崛起的中國進入後八九時代，但主流理論依然相信經濟發展會帶來民主化，成為我不斷搏鬥的議題。這個問題我相信到現在學術界也沒有很好的答案。

　　其次，赫緒曼對於量化教條主義的批評，對於跨界學術的主張，也深得我心。在美國唸政治學博士班時，深刻感受到研究分工精細化讓知識追求更窄化，讓研究者只是往越來越狹隘的深巷中行走，甚至可能因此跟臺灣現實更遙遠。因此決定放棄博士學位與學術之路。

導讀
赫緒曼夢想所繫

廖美

中山大學東南亞研究中心助理研究員

　　如果要在二十世紀（甚至持續到現在）選出一本厚度最
薄卻最有份量的社會科學著作，《叛離、抗議與忠誠》可以
列為第一。本書作者赫緒曼曾經提及，有關社會和經濟問題
的專書被寫出來，通常可以分為兩類：一種是，作者在尚未
撰寫以前，已經找到答案或精彩論題，至少確定是啟發性的
見解；另一種是，作者對問題沒有答案，但想要找到答案的
憂戚之心，只有透過書寫才能提供。前一種寫作契機幫助作
者把心思聚焦在答案，容易以為自己的答案不只可以解決一
個問題，而是很多問題；後一種寫作動機從問題出發，引導
惶惶困惑之心尋找不只一個答案，而是多種答案。[1]

---

[1] 見 Jeremy Adelman, 2013. *Worldly Philosopher: The Odyssey of Albert O. Hirschman*. Princeton: Princeton University Press, p. 371。

　　赫緒曼的著作，多在第二種分類下寫出來。這樣的寫作動力，讓他對問題的求索具有深沉關懷，卻不至陷入悲觀。畢竟，解決問題的答案不只一個，而是有很多可能性。讀者常從赫緒曼看事情的角度發現，被他命名的一些概念，如本書的「叛離」（退出支持另一機構、產品或信仰）與「抗議」（對現狀提出意見、批評和反對），非常靈動。赫緒曼透過概念的雙向流動，把人與組織適應的複雜關係聯繫起來，也在其他層面展開，形成一系列不斷擴大的組合反應。

　　本書的卓越在於，用簡單易懂的詞彙，表達基本和可見的反應，不管透過「叛離、退出、拋棄」或「抗議、表達、批評」，都在捕捉人們糾結於離開或留下之間的反覆——應該退出遠走？還是大膽說出？什麼時候需要在兩者之間切換抉擇？

　　由於現實世界的選擇並不明確，赫緒曼也透過心理學和社會心理的解析，進一步釐清人與社會的糾葛面貌，做為了解人們選擇的輔助；而「叛離」與「抗議」則分別指向經濟學和政治學的分野，這兩種面對事情的回應，既可混合替換，之間也不互斥。簡言之，人們很少是頑固的叛離者或純粹的抗議者，有時相互替代，有時採取互補，有時彼此破

壞，其中牽涉的是混合與轉換的煉金術。

在赫緒曼的筆下，這本關於幾個簡潔行動概念的書，立刻變得複雜起來。在此提幾個書中闡述為例。比如，從消費者對紅酒、乳酪或小孩教育品質要求的不同，赫緒曼說明，當這些「產品」的品質下降（等同價格上漲），將給不同顧客群造成不同的經濟損失。就行家紅酒顧客而言，他們的消費者剩餘比較高，願意花費高價購買某一個品牌紅酒，一旦紅酒品質下降，會立刻選擇叛離，因為有其他品牌可以選取。也就是，消費者剩餘比較高的人，選擇叛離的機會比較大。再者，「抗議的力道」則可被需求品質的彈性所決定，當產品品質下降，消費者首先想到的是，要不要叛離換個產品？而不是去影響企業產品的品質。只有消費者決定不換產品，才比較可能出面抗議品質的低落。赫緒曼問：「在價格上漲即刻叛離的人跟品質下降選擇叛離的人，有沒有可能不是同一批人？」這個提問，馬上讓分析變得繁複有趣。

另外，單從個人捍衛生活品質的差異，赫緒曼的分析概念，也可以用來詢問：「機會平等與向上社會流動的結合，真能確保社會正義嗎？」如果上層與下層階級分歧擴大並且變得僵化，上層如何持續往上流動，下層如何緩緩停滯不動，一般並不容易察覺。有意思的是，我們甚至可以把赫緒

曼提及的獨占型暴政（monopoly-tyranny）對比漢娜‧鄂蘭所論述的平庸的邪惡。關於獨占型暴政的特質，赫緒曼如此陳述：「無能者欺壓弱小，懶惰鬼剝削窮人，這樣的事更持久而且更令人窒息，因為它無野心也能逃逸。」

赫緒曼把供給、需求、消費者剩餘、公共財、耐久財、產品品質彈性、獨占、寡占、雙占等屬於經濟學的理論概念，巧妙運用於解析政治行動。不過，這本書相對花比較多篇幅在經濟觀點，以有限篇幅處理政治學家所關注的研究對象──國家。赫緒曼在稍後出版的論文，曾特別把「國家」帶進來，探討人們出走（叛離／移民），對移出和移入國的影響。[2] 可以看到的是，歐洲國家大規模的移民（例如移向北美新大陸），一方面減少歐洲國家內部的社會抗議，另一方面移民在移入的新社會沒有網絡，在當地也比較低調 ；結果呈現，大量移民對移出和移入國的短期影響是減少抗議。另外，可能從人民的出走進一步理解當代民主化的情況嗎？例如，希臘、葡萄牙和西班牙的工人在六○年代和七○年代初期大規模向法國和德國移入，有促使這些國家更願意

---

[2] 見赫緒曼，1981. "Exit, Voice, and the State," 收入 *Essays in Trespassing* 一書，New York: Cambridge University Press, pp. 246-265。

通過談判，形成較為民主的程序嗎？赫緒曼認為這種關係的連結不容易確證，因此獲得的關注不多。不過，異議者離開本國，短期內對威權政權的鞏固顯而易見，這是威權政體處心積慮把異議者驅逐或禁止政敵回國的主因。檢視愛爾蘭人於五〇年代大量出走英國的案例，因為沒有語言隔閡，移出比例非常大，被認為對愛爾蘭國家的存在造成威脅。後來愛爾蘭在一九五八年通過國家經濟計畫，試圖藉由改善經濟政策與條件，防止人民移出與人才流失。赫緒曼提到小國在這方面應變的彈性及其複雜性，跟大國相比，其實有一定優勢。[3]

　　這本出版在一九七〇年的書，實際上在一九六八年十二月當赫緒曼受邀到史丹佛大學行為科學中心在秋季學期研討會的最後一次聚會，就以取名〈叛離、抗議與忠誠〉的論文發表。不妨留意，一九六八年正是六〇年代反叛抗議的高

---

[3]　赫緒曼引用美國社會學家瑞妮・福克斯（Renée Fox）在比利時社會多年研究的心得，做為想像的啟發。福克斯最初選擇比利時作研究場域，就因比利時是「一個小國……比一個大國更容易從社會學的角度理解」。進行研究多年後，她發現與自己原初的想法完全不符：「如果我現在被要求提出涉及國家規模與社會制度複雜性關係的社會學假說，我會嘗試建議兩者之間存在反向關係；就是國家越小，社會制度反而越複雜！」前揭書，頁265。

峰。不過，叛離、抗議與忠誠的概念本有古典餘韻，赫緒曼進入老派議題，把它們放在消費社會和公民抗議的現況裡，精妙地鍛鑄這些概念。

這書一出版，馬上造成轟動，廣泛被各領域的人閱讀、討論與運用。然而，赫緒曼並沒有提出一套理論來刻劃現實，而是派遣日常語彙來捕捉行為動力，藉以展現人們的活動其實是在一個流動的、混合的、不完美的現實中運作。世界雖然充斥著「叛離者」，但並不受純粹競爭所支配，人們也不能以毫無拘束的「抗議」來維護自己。在選項上，赫緒曼既不鍾情叛離市場，也不偏好政治抗議；一切都是計算，可能有「最佳」組合，但組合的情況並不穩定。

這裡，我們值得花一點篇幅來談一下《叛離、抗議與忠誠》被寫出來的前情往事。普林斯頓大學歷史學家阿德爾曼（Jeremy Adelman）撰寫的赫緒曼傳記於二〇一三年出版，書名取為《入世哲學家》（*Worldly Philosopher*），不過，這裡的「Worldly」一語雙關，表示赫緒曼在社會科學界的「世界性」。一般對赫緒曼的介紹，常從他是哥大和哈佛等名校教授，及在一九七四年進入高等研究院，直到學術生命最後一直在高等研究院的崇高地位。事實上，他在進入學院之前堪稱坎坷的經歷，更值得了解。

　　赫緒曼自一九三八年在義大利完成經濟學博士學位，一九四一年元月從歐洲逃離納粹踏上美國領土，到一九五八年寫出《經濟發展策略》，其間二十年，都不算有固定工作。寫完《策略》後，甚至還曾短暫失業，這時他已經四十三歲，還在經濟學門。

　　難道是初始長期不在學院的二十年，讓赫緒曼相對不局限於學院思考嗎？

　　讓我們簡略回顧這二十年裡，赫緒曼如何被捲進時代的前線。剛到美國因得到柏克萊大學獎學金，不到兩年就寫出《國家權力和對外貿易的結構》（1945）。赫緒曼在書中討論貿易配額、匯率控制、資本投資、經濟戰爭等議題，以及如何評估世界貿易體系的潛在趨勢。按照當時社會科學的條件來說，有點不尋常而顯獨特。大蕭條時代的經濟學家，多半集中在凱恩斯總體經濟學的討論或多邊貿易和金融體系失靈的問題，很少關注經濟政策和政治體制之間的關聯。赫緒曼在書裡也設計一個統計指標來衡量外貿集中度[4]，以及外

---

[4]　赫緒曼為測量貿易集中度，曾建構一個集中度指標，這個指標在1950 年被一位美國經濟學家赫芬達爾（Orris C. Herfindahl）拿來測量產業集中度，兩個指標的差異只在赫緒曼的指數有開根號，而後者沒有。有一段期間，這個指數一直被稱為赫芬達爾指數

貿如何做為國家權力的工具對或大或小的貿易夥伴產生政治影響。與此同時，德國和中歐轉向威權主義國家，常被看作是因民族特徵而產生的問題。赫緒曼認為，這不僅是經驗差距的誤解，也是概念的失敗。觀察國家主權與世界貿易的交鋒，赫緒曼試圖說明：強國如何以弱國為代價，操縱外貿來增強國家權力。

這個輕嘗學術的經驗，因美國加入二戰馬上被腰斬，赫緒曼本人也投入戰場，在大戰末期甚至擔任聯軍在義大利對納粹軍官審判的翻譯官。從歐洲戰場回到美國，本來想加入財政部工作，最後只在聯儲會擔任政策研究專員，期間調任支援馬歇爾計畫。這之前，美國聯邦調查局（FBI）根據赫緒曼三〇年代末期在歐陸的經驗，誤判他與共產黨關係匪淺，讓他每次跟財政部申請工作，都被打回票。[5] 沒辦法在

（Herfindahl Index）。到了 1964 年，赫緒曼在《美國經濟評論》一篇短文提及指數的身世，後來被正名為「赫芬達爾－赫緒曼指數」（Herfindahl-Hirschman Index：HHI）。見赫緒曼，1964. "The Paternity of an Index", *American Economic Review* 54: 761-762。

[5] 雖然從二戰回到美國，自 1945 至 1952 年，赫緒曼主要在政府部門工作，從聯儲會到支援馬歇爾計畫，但都屬任務計畫，不是常設職務；如果主管換人，他就必須跟著走人。赫緒曼總計 168 頁的 FBI 檔案，是他無法在美國政府找到工作的原因。檔案直到 2006 年才解禁，之前赫緒曼無從知悉已在「黑名單」，幾次試圖申請財政部

美國找到工作的赫緒曼，在一九五二年前往哥倫比亞首都波哥大觀察經濟發展計畫，起先為世界銀行工作，兩年計畫到期，赫緒曼開起投資顧問公司，在波哥大成為政府經濟計畫和私人投資的顧問。這個走上哥倫比亞的一小步，開啟他做為發展經濟學專家的歷程，也成為美國學界在六〇年代少數的拉丁美洲專家，更因他建立的拉美學界網絡，兩地多國在討論和研究上密切交流，為美國的拉美研究奠立很可觀的基礎。

　　處處充滿洞察的《國家權力》在出版後，沒有引起太多注意，主要是這本書試圖解答的問題，似乎已是過去世界的事。對照來看，《經濟發展策略》則寫來介入一個新出現的問題，《策略》被認為可能是發展經濟學領域最重要的一本書。赫緒曼於一九五六年中，從耶魯大學拿到一年資助，讓他可以開始寫作《策略》；後來又從洛克菲勒基金會拿到另一年補助，可以繼續完成。《策略》在一九五八年出版，這本書的重要性，在於提出經濟發展可採取「不均衡成長」的策略；這個異議又有創新的概念，來自赫緒曼親自的田野體驗。

工作，都因無法通過忠誠審核而沒有下落。這個例子正符合赫緒曼所謂「隱藏之手」的概念，因為不知道已被限制，才鍥而不捨再接再厲嘗試。

　　縱觀二十世紀五〇年代，「均衡成長」才是發展經濟學的共識。不過，許多需要發展的貧窮國家常常面臨勞動力過剩和資本短缺，這樣的組合將造成低水平的「均衡陷阱」——就是低投資、太多窮人、沒有足夠儲蓄，更不用說，先天不良的基礎設施，還有頑固的傳統。均衡發展理論家認為窮國面臨的困境是：阻力和障礙從一部分傳到另一部分，一個角落的阻塞就能阻礙其他地方的進展；因此，需要「均衡成長」來打擊所有障礙或降低障礙。「均衡成長」的劇本也是寫給特定演員演出的，包括具有影響力的外國顧問、「經濟傳教士」和發展專家，他們運用分析工具，調整出微妙的平衡與干預的時間，把不斷演變的系統摩擦最小化。正如赫緒曼常提到，盛裝在宏偉理論的知識外衣，可能來自對主要問題的掩蓋。

　　在《策略》之後，赫緒曼還寫了《邁向進步的旅程》（*Journeys toward Progress*, 1963）和《發展規劃的考察》（*Development Project Observed*, 1967），被稱為赫緒曼「研究發展經濟學的三部曲」。後兩本著作，一本關注拉美國家大型經濟發展計畫，另一本走進各國城市和鄉野，觀察在地草根在經濟發展如何團結前進。不過，就撰寫手法的親近性來說，與《叛離》最相似的是《策略》，因為兩本書都以很漂

亮的手法演繹概念。但要強調的是，赫緒曼的概念從來就不是憑空而來。赫緒曼說過，馬克思《資本論》書名的後面應該還有一個副標，題為「一個英國個案研究」，因為馬克思的寫作是立基於對英國工業化的觀察。[6] 同樣地，《經濟發展策略》的副標就是「一個哥倫比亞個案研究」。

從《策略》到《叛離》，時間相隔十二年，一旦《叛離》成作，赫緒曼就不再隸屬發展經濟學範疇[7]，而更往政治經濟學和政治思想位移。在本書裡，赫緒曼陳述經濟學家如何霸氣宣稱分析稀缺現象與資源配置所發展的概念，可用以解釋包含權力、民主與國族主義等政治現象。反之，政治學的概念比較少對經濟學提供分析貢獻，這個不對等性，一方面讓經濟學家占領其他社會科學領域，一方面讓政治學家面對分析工具豐富的經濟學家有自卑情結。不過，赫緒曼也清楚，這種人比人氣死人的情境，也發生在經濟學家面對物

---

[6] 見 Jeremy Adelman, 2013. *Worldly Philosopher*, p. 337。

[7] 強調要在一個政治體系背景下理解經濟，總體經濟決策不可能與政權切割，不管這個政權屬於右翼獨裁、社會主義政府、還是多元自由主義政體。做為在直觀審視和歸納分析方面有敏銳洞察的學者，赫緒曼從未讓自己的經濟學思考遠離基本的政治關懷，尤其他很清楚，許多經濟分析根本很少注意到意識形態如何導引著政策的決定。

理學家的心虛。我們甚至可以延伸，物理學家覺得數理能力沒有數學家硬，數學家可能文學涵養闕如，而小說家或詩人怕很難寫出語言程式叫機器人做事。重點不是各自以強項示人，而是跨到他人領域吸取新知，進而做出貢獻。

當赫緒曼在七十歲退休，時間是一九八五年。還要再等六年，才出版《反動的修辭》（1991）。退休讓赫緒曼在高等研究院有權利而沒有義務，空出時間，有更多自由，他保留著辦公室，可以申請田野旅行補助和研究基金。在退休十年期間，他一直主張應該在研究院成立政治經濟學講座，聘請跟下列各領域有興趣對話的經濟學者為主，包括社會發展議題、各種資本主義、其他社會科學、倫理學和哲學等。他的期望讓聽到的人覺得任務艱鉅。如果不是赫緒曼以身實踐，如此跨學門的樣態可能不被切實理解。赫緒曼的傳記作者阿德爾曼認為，赫緒曼屬於一個不可回返的智性時刻（intellectual moment），未來恐怕不會再有更多赫緒曼了。[8]

---

[8]　見 Jeremy Adelman, 2013. *Worldly Philosopher*, p. 601。在閱讀上，赫緒曼的涉略廣泛，從黑格爾哲學、馬克思主義、古典政治經濟學文獻，旁及法國、俄國、英美文學，在學術的經驗研究領域，則以拉丁美洲國家為專注場域。撰寫論文和書籍都用英文，這是他的第三語言，母語是德文，與太太在家交談用法文，博士論文寫作用義大利文，進入田野研究講西班牙語及有限的葡萄牙語。

不過，我們仍然可以從赫緒曼的書，尤其這本經典著作，享
受他展現出來的知識魅力 。[9] 本書最後一章最後一段，赫緒
曼期待那些遭社會或組織成員忽視的反應模式，像叛離、抗
議或兩者的組合，可以得到發揮。顯然，透過著作對讀者帶
來行動影響，是赫緒曼心之所繫的夢想。

---

[9] 關於赫緒曼的人格與學術養成，請看赫緒曼著，吳介民翻譯的《反
動的修辭》書中兩篇推薦序：吳乃德撰寫的〈赫緒曼其人其事〉
（頁 9-19）；廖美討論的〈赫緒曼的學術關懷〉（頁 21-44），
2013，臺北：左岸出版社。

前言

　　這本書完全出於偶然。我在上一本書有個段落寫到自己對奈及利亞鐵路運輸的觀察，而這就是本書最初的靈感，我在第四章一開始又重複了這個故事。有人反對那段文字的觀察，因為他同情地說：「故事背後必定藏有許多看不見的預設。」過了一段時間，我打算深入這些假設背後的暗處，並立即起身展開一段精彩的冒險，這段旅程持續了一整年，而我原本打算這一年要在行為科學高等研究中心悠閒地沉思。

　　讀者不難理解我如此堅持的主因：一直以來我對分析經濟行為所抱持的態度，都是打定主意要闡述各式各樣的社會與政治現象，事實上也是道德現象。但是這本書並不打算用一門學科的工具來入侵另一門學科。誠如本書附錄所特別顯示的，我發展的概念可以轉換成傳統經濟分析的語言，而且很有可能進一步豐富傳統經濟學的概念；但本書的內容並不

僅限於此。我在意的反而是「叛離」與「抗議」等概念隨著
作品意外輕鬆地跨入新的領域，讓概念變得愈來愈廣泛。針
對上述疑慮，我做的主要讓步就是把書寫得精簡一些。不
過，我自己已經找到同一套方法看待五花八門的問題，例如
競爭和兩黨制、離婚與美國人性格、黑人權力以及「不悅」
的高官無法因越戰問題而辭職，因此我決定要稍微擴展論述
議題。

行為科學高等研究中心讓這項計畫有了得天獨厚的發展
環境。我充分利用「糾纏」其他研究員的權利，而我相信這
是該中心口頭交談傳統不可缺少的一環。我在本書註腳對那
些與我共度一年在智性上有所交流的人致意。我要特別感謝
阿蒙（Gabriel Almond），他不但提出重要的批判觀點，同
時也一直支持我的寫作計畫；我也要感謝 Richard Lowenthal
的評論促成本書第六章，還有 Tjalling Koopmans 幫助將一些
技術論點犀利化，就如同史丹佛大學商學院的 Robert Wilson
一樣。

Abram Bergson 與 Albert Fishlow 讀了最終的書稿，並提
出許多尖銳的評論與建議。本書寫作初期，我在哈佛大學、
耶魯大學以及波士頓學院的研討會和大家討論了一些觀點，
從中獲益良多。一九六七年期間，David S. French 從大量討

論競爭的文獻中尋找前人的相關論點，幸運的是找到的並不多。

令我欣慰的是，史丹佛大學心理學教授菲力普‧金巴多（Philip G. Zimbardo）發現我的一些假設非常有趣，足以進行實驗檢證，研擬的研究計畫在附錄中描述。

Hildegarde Teilhet 以熱誠和嫻熟打出本書的草稿並多次修正。

我的太太在我過去幾本書一直提供許多幫助，她明智地決定要我享受加州的陽光。

史丹佛，加州

1969 年 7 月

　　　　　　　阿爾伯特‧赫緒曼（A.O.H.）

目錄 ——————————— △▼

Exit,
Voice,
and
Loyalty

1

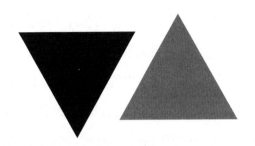

導言及學說背景

INTRODUCTION AND
DOCTRINAL BACKGROUND

1 　　在任何經濟、社會和政治體系中，個人、企業與組織一般都會背離有效率、理性、守法、高尚或正常的行為，而走向衰退。不論社會打下的基礎制度有多好，由於各種意外因素，有些行動者的行為達不到預期這是無可避免的，每個社會都必須學會和一些失序及不當的行為共存；但為了避免不當行為一再出現，進而導致全面的衰敗，社會必須能集結自身內部力量，盡可能使那些猶豫蹣跚的行動者回到系統，以維持正常運行所需。本書起初是為了探索這些內部力量在經濟體運行的狀況，但我發現，此處所發展出來的概念，不僅適用於企業之類的經濟行動者，也可廣泛應用到非經濟組織與情境。

　　雖然道德家和政治學家一直極為關切如何使個人免於墮落，如何使社會遠離腐敗，如何使政府免於衰退，但是經濟學家對於經濟行動者**可以挽救的過失**（*repairable lapses*）卻是不大關心。這有兩個理由。首先，經濟學預設經濟行動者即使不是採取中規中矩的理性行為，至少理性的程度也是**固定不變**。一間企業可能會因供給與需求情況的翻轉而表現惡化，但其利潤極大化（或成長率、或其他任何目標）的意願與能力並未減弱；但這可能也反映出，在供需要素不變的情況下，企業喪失了「利潤極大化的態度或能量」。如果採取

後者的詮釋角度，就立即產生以下的問題：如何讓企業追求利潤極大化的能量回復到原先的水平？但一般來說，都是採取前者的詮釋；如此一來，客觀的供需條件能否反轉，也就更加令人存疑。換句話說，經濟學家基本上假定公司之所以會落後（或超前），都有著「充分的理由」；因此本書的核心概念，也就是隨機且多少可輕易「挽救的過失」，對那些經濟學家的推論來說，就有如天方夜譚了。

　　經濟學家不關心過失的第二個原因與第一個脫離不了關係。在競爭經濟的傳統模式中，從過失之中恢復元氣並非真的如此重要。當企業在競爭中敗陣下來，它的市占會由其他企業（包括新公司）補上，生產要素也會由其他企業接手，最終的結果有可能是全部的資源獲得更妥善的配置。由於有這樣的想法，比起道德主義者或政治學家，經濟學家更能夠看待**自己的**任何一個病人（例如公司）犯錯；道德主義者深信自己每一個病人（個體）的內在價值，而政治學家則認為自己的病人（國家）獨一無二且無法取代。

　　我們釐清經濟學家對此毫不在意的原因之後，隨即可以挑戰這些說法的立據。諸如，設想經濟是一種完全競爭的體系，體系內個別公司財富的改變完全取決於比較優勢的基本轉移──這絕對無法代表真實世界的情況。首先，大家都知

道真實的世界有獨占、寡占及獨占性競爭的大型王國。其中企業表現的惡化多少可能產生毫無效率且視而不見的**死角**（permanent *pockets*）；就像政治學家認為政體內部的廉潔受內鬥、腐敗及死氣沉沉所威脅時，顯然就必須視其為即將來臨的警報。但是，即使在激烈競爭隨處可見之處，對於一時落後的企業是否有機會恢復雄風，經濟學家的漠不關心幾乎說不過去。精確地說，許多在相似條件下與對手相互競爭的企業，其個別企業的財富衰退，很可能只是因為一些隨機的、主觀的因素，這些因素在成本和需求條件的永久性不利變化中是可逆的或可補救的。在此情況下，恢復機制（mechanisms of recuperation）對於避免社會損失及人類困境，能夠發揮最實用的角色。

行文至此，我還要再插一句話，這種恢復的機制透過競爭本身就可輕易取得。競爭不就是應該要讓企業保持「戰戰兢兢」嗎？如果企業已經在走下坡，體會到營收日益下滑以及經歷競爭被淘汰出局的威脅，難道不會讓它的管理者鼓足幹勁、努力把企業拉回原本該有的表現嗎？

競爭無疑是一種重要的恢復機制。然而，本書要證明：（1）競爭這項特殊功能的意涵並未得到充分的闡述；（2）一旦競爭機制不可得，另一個主要的替代機制就會上場，或做為競爭機制的補充發揮作用。

進入「叛離」與「抗議」

　　本書提出的論點,是從生產可銷售物品給顧客的企業出發;但我們將會發現,這基本上——有時是原則上——可以適用於一些未直接收取金錢而向成員提供服務的組織,像是自願性團體、工會或政黨等等。人們假定,企業或組織的表現將因為一些既不引人注意、也不太持久的不明與隨機因素而面臨惡化;這些因素阻止企業或組織回復往昔的表現,並讓管理者將注意力與精力集中於此。表現的惡化最典型與最一般的是(也就是企業與其他組織都是如此)反映在所提供的產品與服務在**品質**上的絕對或相對惡化。[1] 然後,管理者將透過兩條路徑察覺自身的失敗:

---

[1] 不論是在獨占或獨占性競爭的情境下,企業的表現惡化可以反映在成本及價格的相應上漲,也可以表現為品質下降但價格上升。另一方面,一旦企業嚴格受到完全競爭市場的支配,價格和產量也就不會改變;在這種明顯脫離現實的情境下,企業惡化只能以成本上升的方式表現出來,但如果價格和產量保持不變,成本上升將導致企業淨收益下降。那麼在完全競爭下,管理者也就只能直接從企業內部的財務資料了解企業惡化的態勢,而對此一無所知的顧客也就幫不上忙。或許上述現象在完全競爭模型中毫無立足之地,使得經濟學家並不關注此事。

（1）有些顧客不再購買企業的產品，或是有些成員退出組織。這是**叛離選項**（*exit option*）。因此，收益下降，組織的成員減少——不論導致退出的問題源自何處，管理者都必須設法加以修正。

（2）企業的顧客或組織成員，會直接向管理者或管理者所服從的上級表達自己的不滿，或向任何一位在乎且想聽的人表達自己的抗議。這是**抗議選項**（*voice option*）。因此，管理者必須再次想辦法探究顧客與成員不滿的原因，以及可能的解決方法。

5　　　本書其餘的篇幅主要致力於比較分析這兩個選項，以及兩者之間的互動。我將探索以下幾個問題：什麼樣的情況下叛離的選項勝過抗議？反之，又是在什麼樣的情況下抗議的選項勝過叛離？叛離與抗議做為恢復機制，兩個選項的效率孰高孰低？在什麼情況下，兩種選項可以一起發揮作用？何種制度可以讓做為恢復機制的兩種選項充分運作？促使叛離選項充分運作的制度，能夠和設計改善抗議選項運作的制度相容嗎？

惡化空間與經濟思想的遲滯

開始回答這些問題之前，我應當稍稍往後退一步，指出本書所構思的主題，與周邊的經濟學和社會科學思想有何關聯。

我與動物行為學的學者（在行為科學高等研究中心）談論靈長類的社會組織，發現像穩定且有效的「領袖」接班這種對人類社會來說相當棘手的問題，在一些猩猩群當中處理起來毫不費力。以下的例子描述一群典型的北非狒狒（Hamadryas Baboons）如何讓一隻雄性領袖來統率：

即將成年的雄狒狒偷偷把小雌狒從母親那兒帶走，並對牠們百般呵護。小雌狒受到嚴格的控制，三番兩次地被銜回來，訓練不要逃跑。……在這個階段，還不會有「交配」的行為，雌狒還得要兩三年才到「生兒育女」的年齡，……年輕的雄狒日漸發育成熟，群裡的老大也逐漸衰老，少壯派開始醞釀群體的遷移計畫，雖然最終的遷徙方向還是老狒狒說了算。雄雌兩性間建立了一種十分複雜的關係，一路上彼此扶持，相互「通報」，並且合作率領整

6

> 群狒狒的移動。老狒狒們仍然指揮群體的大方向，
> 但逐漸放棄對雌狒的控制，轉交給少壯派……看似
> 老狒狒最後完全卸下原本傳宗接代的重擔，但牠們
> 依然保有對整群狒狒極大的影響力；少壯派也仍不
> 斷地向牠們諮詢，尤其是在決定遷移的方向之前。[2]

　　相較於狒狒之間按部就班、延續的權力過渡方式，反觀
人類社會隨之而來的暴力與戰亂，總是一個個「良善」的政
府被「不良」的政府所取代，一個個強悍、賢明或善良的君
王卻由一群懦夫、庸君或罪犯繼承王位。

　　人類之所以無法打造一個縝密的社會過程來保證領袖的
連貫與穩定，可能是因為並不需要如此。大多數人類社會的
特色在於剩餘超過維生所需。伴隨剩餘而來的，是人類社會
在大步向前之際有能力承擔大幅度的惡化。較低的表現水平
對狒狒來說可能是場災難，但對人類社會來說（至少一開

---

[2] John Hurrell Crook, "The Socio-Ecology of Primates," in J. H.Crook, ed., Social Behaviour in Animals and Man (to be published by Academic Press, London)。引用的這段話整理了 Hans Kummer 的研究，請參考：Hans Kummer, "Social Organization of Hamadryas Baboons," *Bibliotheca Primatologica*, no. 6 (Basle: S. Karger,1968)。

始）僅僅是帶來些許的不適。

　　人類社會廣泛幅度的惡化，是人類不斷提高生產率和控制自身環境所必然產生的結果。偶然的衰退和持續的平庸——相對於能夠達成的表現水準——必須被算入進步帶來的懲罰之中。因此，想在事前找到一種社會安排完全杜絕政體及各種組成實體的各式惡化，似乎都將徒勞無功。由於過多剩餘和由此產生的大幅衰退，人類社會可能具備的任何自我平衡控制，必然都相當粗糙。

　　重複浮現的烏托邦之夢，一直阻撓人們正視此一令人不悅的真相：經濟進步雖然增加了超過維生所需的剩餘，但也將帶來嚴厲的規訓及懲罰，以排除可能出於如錯誤的政治過程而出現的任何倒退。十八世紀商業與工業擴張之際，人們喝采的不見得是經濟發展讓幸福指數增加，而是它對君王意志強且有力的限制，並因此減少或去除系統的惡化範圍。斯圖爾特（James Steuart）在《政治經濟學原理探究》（*Inquiry into the Principles of Political Oeconomy*, 1767）有一段耐人尋味的話能充分說明這點：

不管之前政治革命的本質及其造成的立即影響帶來
多大傷害，過去的政府機制要比現在簡單得多；現
在，受到現代經濟複雜的系統所限，可以輕易防範
政府機制所產生的危害……

若憲政屬絕對王權，在經濟計畫一經確定之後，當
代君王的權力就會立即受到限制……君王的權威如
同楔子般無堅不摧（無論做甚麼都行，劈木材，劈
石頭，或劈其他堅硬的物體，可以棄之不用，也可
以任意重操在手），但最終它卻變成像是精緻的手
錶，除了計時之外便毫無用處；且一旦用在他途，
或僅是小心翼翼地碰，也就可能立即摔壞……因
此，現代經濟體系是迄今為止發明來抑制君王專制
最有效果的韁繩。[3]

　　近兩百年之後，拉丁美洲有位知識份子的作品呼應了斯
圖爾特的崇高願望；對照各種可能性，他同樣預測經濟進步
與惡化的範圍是負相關，而非正相關：

---

[3]　(Chicago: University of Chicago Press, 1966), I, 277, 278-279.

（在咖啡還沒出現的年代時，決策者）一個個過著
與世無爭的生活，因為他們不會去追求一種產量不
斷增加的產品。這是一段童年嬉戲的歲月。咖啡使
他們變得成熟與嚴肅；哥倫比亞的國民經濟也不能
再像過去一樣漫不經心。意識形態上的專制主義
（ideological absolutism）將會消失，節制與理性的
紀元即將開始。咖啡與專制體制水火不容。[4]

歷史是殘酷的，它並未如斯圖爾特和阿提特（Nieto
Arteta）所預期的發展，經濟增長和技術進步將建立防止
「專制主義」、「無政府主義」和一些不負責任行為的安全
屏障。但他們兩人的思想脈絡並未消失。事實上，當今普遍
認為一場重大戰爭在核能時代是難以想像的，因此也是不可
能的；這與他們兩人的思想並非毫無關聯。

簡單來說，這些看法都有個共同的預設：技術進步使得
社會剩餘高出生存所需，同時帶來了極度複雜與精巧的機

---

[4]　Luis Eduardo Nieto Arteta, *El café en la sociedad colombiana* (Bogota:
　　Breviarios de orientacién colombiana, 1958), pp. 34-35。這份遺作出版
　　於一九四七年，一年後爆發血腥的騷亂，史稱 *la violencia*，這有如
　　斯圖爾特在拿破崙崛起之前寫到專制主義勢必會被征服。

9 制，因此過去屬於不幸但可以容忍的不當行為，一旦發生在當前社會，就會是場大災難，所以要比過去更嚴加防範。

因此，我們的社會處於一種剩餘狀態，接著又處於剩餘不足的狀態：它可以生產剩餘，但卻不能隨心所欲地**停止**生產，或生產少於可生產的數量；實際上，社會行為受到的規定和限制既簡單又嚴苛，彷彿處於毫無剩餘、難以維生的狀態。

經濟學家不可能沒注意到這種情況與完全競爭模型之間的相似性。因為這個模型有著同樣的基本矛盾：社會做為一個整體，帶來剩餘的豐饒及穩定增長，但每一家企業單獨來看幾乎都很難熬得過去，一個錯誤的步驟將造成它的失敗。結果，每個人都使出渾身解數，而整個社會就在它不斷擴張的生產邊界（production frontier）運行，讓在經濟上有用的資源物盡其用。即使這種完全競爭模型只是一個純理論的建構，幾乎沒有現實內容，但這種殘酷的**緊繃型經濟**（*taut economy*）在經濟分析中仍占有特權位置。

各式各樣的觀察加總成一種症候群，也就是說，人們對自身生產剩餘的能力基本上有矛盾心態：人們喜歡剩餘，卻又害怕為此付出代價。當人像其他生物一樣，完全沉溺於滿足自己原始驅力所需時，即便有一些簡單僵化的限制框住並

宰制他的行為，他還是不願意放棄自己所渴求的進步。誰知道此種渴求是個源自天堂的神話！確實這說法很有說服力，人類超越所有其他生物通常會感受到稀少有限的生存條件下**崛起**（*rise*），雖然很難公開將這說成是**沉淪**（*fall*）；而一種基進卻極為簡單的想像力之舉，或許就能把這種人們打從內心的憧憬轉化成完全相反的情境，也就是伊甸園。[5]

但是，我們必須遠離天堂回到社會思想，因為我們的故事還有著另外一面。有能力讓生產剩餘超過生存所需，就表示生產實際上不會無時無刻達到最大生產剩餘，這種簡單的想法大家當然不會視而不見。事實上，在恆久的緊繃型經濟傳統模式後，一種稱之為**鬆弛型經濟**（*slack* economy）的理論元素也逐漸浮出檯面。我所指的並不是失業與蕭條的經濟學——這些與鬆弛型經濟連結的現象，源自於宏觀經濟層面

10

---

[5] Samuel Johnson 在阿比西尼亞快樂峽谷的寓言故事傳達了這種想法。當拉塞拉斯王子（Prince Rasselas）首度描述他對天堂峽谷的不滿情緒，他將自己的處境比喻成吃草的山羊：「人類與其他生靈的區別是什麼？我身邊漫步的野獸與我在肉體上的需求毫無差別，山羊餓了便啃草，渴了便飲溪水，於是饑渴感便消失，心滿意足地睡著了。醒來之後又餓了，然後就再吃，飽了再睡。我和牠一樣，有饑有渴，但填飽肚子後，並非躺下來睡覺。我和牠一樣受缺乏之苦，但卻不像牠因飽食而滿足。請見：Samuel Johnson, Rasselas, II。

的失調，它們打消了企業與個人追求利益與滿足最大化等本不該衰減的熱誠。同時，鬆弛問題所涉及的爭議也不在於公司（特別是大型企業）所追求的最大化——諸如利潤、成長、市占率、社群善意，抑或這些目標的綜合函數——身上。這項爭議背後的基本預設是：不論公司做什麼，它們都是全力一搏，儘管腦中所想的所謂「最佳」表現逐漸趨於模糊。最後，有許多作品都已證明，由於獨占和外部性的存在，盡責地追求私人生產者與消費者利潤最大化未必能產生一個**社會**最佳結果，而我不打算談論這些作品。我要再次強調，實際產出與潛在產出之間的差異，並不是因為微觀經濟層面的一些「神經失靈」所致。然而，最近卻有愈來愈關注這種失靈的可能性。

西蒙（H. A. Simon）在此領域的開創性貢獻指出，企業的經營目標在於追求一種適度的滿足，而非最高利潤率。[6]

---

[6] H. A. Simon, "A Behavioral Model of Rational Choice," *Quarterly Journal of Economics*, 69:98-118 (1952)。Horace Secrist 曾經在早期針對相關的主題，寫過一本幾乎完全被遺忘的經驗研究，書名叫《商業中平庸的勝利》（*The Triumph of Mediocrity in Business*），1933 年由西北大學的經濟研究局（Bureau of Business Research, Northwestern University）出版。書裡有很詳盡的統計，證明起初表現好的企業平均來說經過一段時間之後就會衰退，而一開始表現不好的企業經過一段時間之後就會有所改善。

他的觀點獲得賽耶特（Richard Cyert）和馬奇（James March）的大力支持，兩人在一九六三年發表的《企業的行為理論》（*Behavioral Theory of the Firm*）[7]一書提出了「組織鬆弛」（organizational slack）的概念。大約在同一時期，貝克（Gary Becker）提出一些基本並經過實證檢驗的微觀經濟學命題（例如個別商品的市場需求曲線並非向下傾斜）與生產者和消費者各種非理性和缺乏效率的行為選擇相當吻合，即使這些命題最初都是從理性預設中推導出來的。[8]鬆弛的重要性稍後亦獲得雷本斯坦（Harvey Leibenstein）的全面證實。[9]最後，波斯坦（M. M. Postan）教授在最近一篇引起廣泛討論的文章中指出，從微觀經濟的鬆弛來理解英國經濟問題，或許會比任何宏觀政策失誤的解釋更有說服力。他說：

> 許多（也許是大多數）⋯⋯問題並不是起於主體經   12
> 濟（body economic）的運行失調，像是低儲蓄率、

---

[7] Richard M. Cyert and James G. March, *Behavioral Theory of the Firm* (Englewood Cliffs, N.J.: Prentice-Hall, Inc., 1963).

[8] Gary S. Becker, "Irrational Behavior and Economic Theory," *Journal of Political Economy*, 52:1-13 (February 1962) .

[9] Harvey Leibenstein, "Allocative Efficiency versus X-Efficiency," *American Economic Review*, 56:392-415 (June 1966).

高物價或國家配置給研發的資源不足，而是因為個別細胞有了特定的毛病，譬如管理、設計、銷售或勞工團體的行為。[10]

我認為自己和上述作品可謂相當親近，因為在處理發展問題上，我也抱持類似的立場。《經濟發展策略》（*The Strategy of Economic Development*,1958）的基本命題在於：「發展問題先是取決於為了喚起或徵召那些潛藏的、零散的以及未盡其用的發展目標資源和能力，其次才是從既有的資源和生產要素實現最佳組合。」[11]「鬆弛」這個術語，是我稍後總結這書的基本論點，在和林布隆（C. E. Lindblom）合寫的一篇論文中提出來的：

不論任何時間點，經濟體的資源分配都不是僵化固定的；如果發展明顯出現了部門之間的不平衡，私人企業家和公共部門就會採取相應的行動，投入更多的資源或生產要素……這裡有一個關鍵、看似可

---

[10] M. M. Postan, "A Plague of Economists?" *Encounter* (January 1968), p. 44.

[11] (New Haven: Yale University Press, 1958), p. 5.

行的假設，就是經濟體出現「鬆弛」；額外的投資、工時、生產力及決策，都可以透過壓力機制從經濟體之中擠壓出來。[12]

人們從不同的角度解釋鬆弛的成因。雷本斯坦強調圍繞在生產函數周邊的不確定性，還有管理及其他技能難以市場化（nonmarketability）。賽耶特和馬奇主要強調各方所發生的議價過程，它們組成（不穩定）的聯盟，是企業要招募代理商以及生產、行銷產品所不可或缺的。我則同樣強調對企業的行為與合作來說，需有阻礙的存在，以便做出發展決策。

可以預期那些察覺到肇因於個別經濟行動者而使經濟體表現不盡人意的人，會從兩條主軸來回應自己受到的衝擊。最為即時與明顯的回應，是堅決找出方法與手段來消除鬆弛，並恢復緊繃型經濟的理想狀態。倘若競爭的壓力不足，就得借助困境所帶來的壓力。[13] 環境的頻繁改變會使企業不敢掉以輕心，因此被視為是促使企業充分發揮潛能的一種方

---

[12] "Economic Development, Research and Development, Policy Making: Some Converging Views," *Behavioral Science*, 7:211-212 (April 1962).

[13] 請見Leibenstein, "Allocative Efficiency versus X-Efiiciency."

法。[14] 若就創新角度來看，罷工與戰爭所引發與聚焦的優點一直被強調。[15] 我自己則專注在壓力機制，例如部門之間與部門內部的失衡，也關注於生產過程——其多半會嚴懲或是無法容忍表現的不佳。[16] 最後，社會革命的鼓吹者也助長了這股社會思潮，這些人一直以來最引人關注的論點之一是：唯有革命帶來的改變，才能打開或釋放人民那些豐富卻有如止水、受壓抑或被疏離的能量。[17]

14　　　察覺鬆弛的人在初始震驚之餘，對此事會有截然不同的反應。他們或許會想，鬆弛是否其實是一件好事，是否因禍得福？賽耶特和馬奇曾提出此觀點：鬆弛滿足了某些重要（非意圖或是隱性）的功能；兩人指出，鬆弛能使企業克服市場或其他發展的困境。在不景氣的時代，鬆弛就像一支可以徵召上場的儲備軍：超額成本將被砍掉，已然掌握的革新

---

[14] Charles P. Bonini, "Simulation of Information and Decision Systems in the Firm" (unpub. diss Carnegie Institute of Technology, 1962).

[15] Nathan Rosenberg, "The Direction of Technological Change:Inducement Mechanisms and Focusing Devices," *Economic Development and Cultural Change*, 18 (October 1969) .

[16] Hirschman, *Strategy*, chs. 5-8.

[17] 請參考：Paul Baran, *The Political Economy of Growth* (New York: Monthly Review Press, 1957).

技術將被導入，原先不敢做的侵略性銷售行為也將派上用場，諸如此類。而政治制度的鬆弛，也將透過極為類似的方式被理性化（rationalized）。當政治學家發現公民通常只使用一小塊的政治資源時，不免充滿驚訝與失望，因為他們一直相信民主的運轉必須仰賴公民的全心參與；但他們很快就發現，保持一定程度的冷漠也有某些補償性的優點，像是促成政治體系的穩定與彈性，還有提供政治資源的「儲備軍」，以便因應危機時投入戰鬥。[18]

　　人們發現鬆弛時的立即反應，不是斷言一定程度的鬆弛有其合理性，就是求諸某些外力，如敵意、不平衡、革命等等，以找出消滅鬆弛的方法。兩種觀點都把鬆弛看成個人、企業和組織在實際與潛在表現之間一個定量的差距。本書採取更進一步、更基進的觀點，即承認鬆弛的重要性及普遍性。本書預設鬆弛不僅存在世上而且有一定數量，而且因為人類生產剩餘的社會之不確定性特徵（entropy characteristic），鬆弛也將**源源不絕地被生成**。「鬆弛每分每秒都在生成」堪稱金科玉律。企業和其他組織被認為是永遠地和隨機地遭遇衰退與腐壞；也就是說，它們會逐步失去理性、效率與創造

15

———————

[18]　請見（原書頁碼）31-32 頁的討論。

剩餘的能量，不論其賴以運轉的制度框架設計得有多完善。

這是一種基進的悲觀主義論調。它將衰退當成是一股不斷攻擊的永恆之力，並產生自己的解決之道：只要衰退尚未達到一種無處不在、無時不有的程度（儘管在某些領域相當突出），在衰退的過程中也就極有可能激起一些反制的力量。

叛離與抗議：經濟和政治的化身（impersonations）

正如上文已經闡釋的，一旦檢視這些復甦內生力量的本質和力度，我們的探究將岔開兩路。它分為兩個相互對立（雖然並不互相排斥）的類別——叛離與抗議。即使沒能忠實地反映一種出更根本的區分（schism），這樣的二分法實在工整得出奇——叛離屬於經濟範疇，抗議則屬於政治範疇。當顧客對某一家企業的產品不滿意時，他可以改買另一家的產品，這是利用市場捍衛個人利益，或是改善自己的地位。顧者也可以啟動市場力量，讓相對表現日漸下滑的企業恢復元氣。這是使經濟蓬勃發展的機制：非常俐落——不是叛離，就是留下來抗議。這一切與個人無關——顧客與企業

無須當面對質，避免企業難以評估或難以捉摸的元素，而且 16
成敗完全可以藉由統計數據表示。這一切也以間接方式促
成——衰退的企業走向復甦完全是受市場這隻看不見的手
（Invisible Hand）所操控，乃是顧客決定跳槽所帶來的非預
期結果。整體而言，抗議與叛離正好相反。抗議是個更加
「混亂」的概念，因為它有可能逐步上升，由喃喃不平的嘀
咕衍生為暴力的抗爭。它意味著表達一個人的批評意見，而
不像超級市場裡私底下的「祕密」投票；抗議絕對是直接單
刀直入而不迂迴。抗議是卓越的政治行動。

　　經濟學家往往自然而然地認定自己的機制有效率得多，
而且也是唯一值得認真看待的機制。傅利曼（Milton
Friedman）在一篇著名的論文中鼓吹將市場機制引入公共教
育，就是這種經濟學家偏見的最佳說明。傅利曼所提方案的
本質，是給學齡孩童的家長發放一種專用教育券；透過教育
券，家長可以購買私人企業在競爭下提供的教育服務。傅利
曼為自己的構想辯護如下：

　　　　家長把自己的子女從一所學校轉出再送進另一所學
　　　　校，這樣比現在更能直接表達他們對學校的看法。
　　　　一般來說，家長們目前要這樣做只能藉著搬家來達

成。**此外，他們就只能透過煩人的政治渠道表達個
人意願。**[19]

17　　我在此無意討論傅利曼的提案有何優點。[20] 我引用上面
那段話，是為了充分說明經濟學家的偏見是偏向叛離勝過抗
議。首先，傅利曼認為轉學或退出是個人表達對組織不滿的
「直接」方式。沒有受過經濟學嚴謹訓練的人，可能會天真
地建議表達觀點的直接方式是說出來。其次，表達個人看法
及努力傳播觀點，還被傅利曼輕蔑地指稱這是訴諸「煩人的
政治渠道」。但是，挖掘、利用並期待逐步改善這些管道，
難道不就是政治、而且實際上是民主的過程嗎？

　　在整個人類制度中，從國家到家庭，不論抗議有多「煩
人」，一般來說都是每位成員必須處理的問題。重要的是，
假如問題仍舊肆虐，當前為了在大城市裡推動比較好的公立

---

[19] "The Role of Government in Education," in Robert A. Solo, ed.,
Economics and the Public Interest (New Brunswick, N.J.: Rutgers
University Press, 1955), p. 129。這篇文章修改之後成為 Friedman,
Capitalism and Freedom (Chicago: University of Chicago Press, 1962) 的
第六章，這裡的引文完全照抄該書 91 頁，粗體字則由我標記。

[20] 精彩的討論請參考：Henry M. Levin, "The Failure of the Public
Schools and the Free Market Remedy," *The Urban Review*, 2:32-37 (June
1968).

學校所做的主要努力，就是讓學校更去回應成員的需求。透過鼓吹並落實權力下放的手段，讓公立學校的成員與管理階層間的溝通迄今為止不再如此「煩人」。

但是，並不是只有經濟學家有盲點——（以范伯倫〔Veblen〕的話來說）一種「受過訓練卻沒有能力」（a trained incapacity）去理解我們此處提到兩種機制之一的有用性。事實上，叛離在政治領域的進展遠不及抗議在經濟領域的進展。除了被冠上無效率和「煩人」的標籤以外，政治上的叛離還要被冠上**犯罪**之名，因為叛離總是與遺棄、叛逃和叛變等負面標籤相連。

顯然，雙方對此事的激情與成見必須消除，我們應當充分利用這個難得的.機會，觀察一個典型的市場機制與一個典型的非市場機制（即政治機制）是如何共事；兩者或許是處於一種和諧且相互支持的狀態，也或許是相互擋道、破壞對方的有效性（effectiveness）。

近距離觀察市場與非市場要素之間的交互作用，將顯示經濟學的分析工具對於理解政治現象很是管用，**反之亦然**。更重要的是，分析兩者之間的交互作用，要比單獨進行經濟或政治分析更能全面地理解社會過程。從這樣的角度來看，這本著作可以看成是把《經濟發展策略》一書所依據的論點

18

應用到一個新領域：

> 傳統上似乎要求經濟學家得永遠論證以下問題：在
> 任何非均衡的狀態下，**單憑市場力量**能否恢復均
> 衡？這在現在肯定是個引人入勝的問題。但是，身
> 為社會科學家，我們顯然要讓自己處理更宏觀的問
> 題：不均衡的態勢可以單憑市場或非市場力量矯正
> 嗎？還是要靠兩者共同發揮作用來矯正呢？我們認
> 為，**非市場的力量未必比市場力量還要更不「自
> 動」**。[21]

我在這裡主要關注均衡擾動及恢復均衡的問題。阿羅
（Kenneth Arrow）採用相同的分析方法，論證非最佳狀態走
向最佳狀態的過程：

> 我在此處所提出的看法是，當市場未臻最佳狀態
> 時，社會或多或少能看清此一缺口，非市場性的社
> 會制度將出現並盡力彌補……而這個過程未必會是

19

---

[21] Hirschman, *Strategy*, p. 63。粗體為原文所加。

有意識的進行。[22]

　　但是，我和阿羅隨即補充，這些觀點並不表示市場和非市場力量的一些組合，就能剷除非均衡或非最佳的狀態。它們也不排除這兩股力量可以在不同目的下合作的可能性。但是，這畢竟為兩股力量的結合（也許結合得還不很合適）留下了空間，然而放任自由派（laissez-faire doctrine）和社會干預派（interventionist doctrine）皆以嚴格的摩尼教（Manichaean）觀點來看待市場和非市場兩種力量，兩派相互攻訐；放任自由派認為是好的力量，社會干預派就說那是邪惡之力，反之亦然。

　　最後一點。一直以來，叛離與抗議──也就是市場與非市場力量、經濟與政治機制──做為兩個主要的行動者，無論是位階或重要性皆難分軒輊。因此，當我在此基礎上構思自己的劇本時，**我希望向政治學家證明經濟學概念有其用處，也想讓經濟學家相信政治學概念有其用處。**近來，當經濟學家宣稱為分析稀缺現象與資源配置之目的而發展的概

---

[22]　"Uncertainty and the Welfare Economics of Medical Care," *American Economic Review*, 53:947 December 1963).

念，可成功用於解釋權力、民主與國族主義等多樣化的政治現象時，這種互惠性在最近的跨學科工作一直欠缺。因此，經濟學家已成功占領了相鄰學科的很大一部分；而政治學家——相對於工具豐富的經濟學家而言，他們的自卑情結恰好等同於經濟學家面對物理學家的自卑感——也已經顯示本身非常渴望被殖民化，並經常主動應和侵略者。也許，我們需要一個經濟學家在我們被壓迫的同事中重新喚醒身分認同與榮耀的感受，讓他們有一種自信，認為自己的概念不僅**雄偉壯觀**（*grandeur*），還散發著**人造光芒**（*rayonnement*）。我希望這可以是本文的副產品。

2

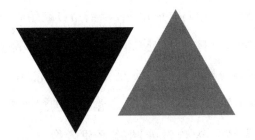

叛離

EXIT

21　　　消費者擁有叛離選項，並經常訴諸於此，乃是「正常」（非完全競爭）競爭的特徵，企業在此競爭之中有對手，但仍能以價格制定者（price-maker）和品質制定者（quality-maker）的角色享有一定的空間；而當企業扮演品質的制定者時，也同時會是品質的破壞者（quality-spoiler）。前文論及，叛離選項能發揮獨特的威力：當企業因怠忽職守而蒙受利潤的損失時，叛離就能誘導管理者像喬森（Samuel Johnson）所說的那樣，憑藉「超凡的心智集中」回應黯淡的前景。

　　然而，下定決心（即使難免分散）搜尋大批探討競爭的文獻後，我們可以說像叛離這樣的標準作法（*modus operandi*）並未獲得太多關注；[1] 大多數作者僅是約略提到了競爭的「壓力」和「規訓」。

　　從這些文獻來看，難免讓人有些遺憾。忽略「自由企業制度」的主要優點著實令人吃驚，但他們對於為何忽略的理由，已然提出了一些說法。那些讚頌競爭活力特質的人勉強承認，自由企業制度有可能會一時失敗，以便讓每個人可以達到最佳表現。然而，萬一制度的失敗發生於某家企業，那

---

[1] 這份調查是由 David S. French 完成。

麼從實際情況來看（*ipso facto*），它應該已經奄奄一息，隨時要退出舞台，因為活力四射的新進者肯定已在一旁虎視眈眈準備取而代之。如同高伯瑞（John K. Galbraith）曾以挪揄的口吻說：「有人將美國的經濟比喻為一種生物循環過程，衰老、力不從心的企業不斷被年輕、生氣勃勃的企業所取代。」[2] 但是，上述觀點並未回答競爭到底如何有助於醫治那些暫時、可挽救的衰退，而這正是此處強調的重點。看來，擁護競爭企業的人在急於耗費大量精力為自己的制度辯護時，卻遺漏了他們所支持的一大要點。

另一方面，探討技術經濟的文獻一直把重點鎖定在競爭市場結構於何種條件之下，如何才能（或不能）在靜態的框架中實現有效率的資源配置。而競爭非靜態的一面，也就是競爭激發創新和成長的能力，也已獲得詳盡的考察，即使這一切尚無定論。然而，以我目前所知，沒有任何一項研究——不論是系統或零碎、理論或實證——曾對競爭在引領企業歷經衰退後回到「正常」的效率、表現及成長水平的能力，做過相關主題的考察。[3]

---

[2] John Kenneth Galbraith, *American Capitalism: The Concept of Countervailing Power* (Boston: Houghton Mifflin Co., 1956), p. 36.

[3] 科拉克（John Maurice Clark）對於競爭所展現的功能多重性

叛離選項如何運作

23 　　探索此問題顯然需要一套概念工具。首先是熟悉的需求
函數的變形，但不同之處在於購買數量的多寡是取決於品質
的變化，而不是價格。當我們思考價格變動對需求數量的影
響時，通常假定產品的品質保持不變，所以現在也同樣地假
定品質下降時價格保持不變。同時，產品的成本也維持不
變，這代表品質的下降是源於偶發的績效衰退，而不是出自
事前的精心計算；因為若是企業的精心計算，就代表這是為
了減少成本而導致的品質下降。如此一來，消費者回應品質
下降而採取的**任何**叛離行動，都會造成企業收入的流失；當

（multiplicity of functions）有最切身的感受，他曾說：「虧損耗盡
企業資源造成企業重生困難或不可能之前，另一個想要的事是競爭
應該使企業有所警覺，並剷除過程與產品中的無效率狀態。」請參
考：*Competition as a Dynamic Process* (Washington: Brookings
Institution, 1961), p. 81。科拉克在該書第四章，〈我們要競爭為我
們做什麼？〉（What Do We Want Competition to Do for Us?），詳
細論述競爭的十大功能。但奇怪的是，其中並未論及挽救搖搖欲墜
的企業。上面援引的這段話，科拉克只是在〈刪除無效率元素〉
（Elimination of Inefficient Elements）這一節的結尾處順便提了一
下；該節主要處理「競爭中不受歡迎的服務需求」（unpleasant
services demanded of competition），他認為應該清算惡化的企業，
而不是使之恢復。

然，叛離的規模愈大，隨著品質下降而紛至沓來的損失也就
會愈大。儘管因應某些消費者的叛離，企業能靠提升價格來
增加整體收益，但收益頂多只能維持原狀；一般來說，未來
收益會隨著品質的下降而不斷衰退。[4]

　　其次，有一組所謂的管理回應函數（management
reaction function），說明品質改善與銷售流失之間的互動關
係——一旦看到消費者出走，管理者就會採取因應措施來修
復產品的不足之處。或許，具體呈現此組關係（品質與銷
售）最簡單的方式，是將之視為不連續的三值函數（three-
value function）。首先是銷售收益些許下降，而管理聞風不

24

---

[4] 如果縱軸代表產品品質的下降幅度而不是價格上升，那麼需求及收
　　益對品質變化的回應，就可以畫成一條我們所熟悉的往下傾斜的需
　　求曲線。可以參考附錄 A 的圖 2，在那張圖的下半部也顯示了品質
　　下降對收益的影響。該圖清楚說明，產品品質下降造成需求減少，
　　這對總收益的影響比起價格上升對收益的影響要來得簡單，傷害也
　　大得多。當產品品質下降時，只要需求**品質**彈性（*quality*-elastidty
　　of demand）大於零，總收益就會下降；但在價格上升的情況，只有
　　需求**價格**彈性（*price*-elasticity of demand）大於一單位（unity）時，
　　總收入才會下降。（在品質彈性的情形裡，需求彈性的單位並不具
　　有精確含義。當「需求品質彈性」概念和價格彈性放在一起時，兩
　　者有不同的度量單位（scale），分別測量品質和貨幣，是完全不同
　　的東西。因此就品質來說，除了零和無窮大以外，其他數值都含有
　　臆斷的成分。

動；當收益再下降多一些時，管理將會回應，則企業全面恢復；接著是，如果下降幅度遠超過正常銷售額，那麼任何措施都於事無補，因為降幅超過一定程度後，虧損將讓企業元氣大傷，在一切修復措施還來不及發揮作用前，企業便已宣告破產。[5]

現在，我們可以來談談叛離函數（exit function）與回應函數（reaction function）之間的互動了。即使產品品質下降，幅度最好也不要超過可修復的界限。顯然，如果需求對品質的變動極度缺乏彈性，收益流失不大，企業也就看不出有任何事情不對勁。但是，如果需求對品質的變動極富彈性，修復過程也不會啟動，這是因為企業還沒來得及察覺問題便遭到淘汰，更不用說採取任何行動。這正是所謂的「來得太多太快」。因此，如果企業的修復潛力想要起作用，那

---

[5] 比較簡單的方式是將此想像成一條連續的反應曲線。當銷售損失小的時候，修復行動就比較小，接下來修復行動慢慢加大，但銷售損失太大，任何修復行動都無濟於事。我們甚至可以想像，採取修復措施後，企業生產的產品品質得勝過一開始，甚至可說是品質的「最佳惡化點」（point of optimal deterioration）。之後，當銷售下降的幅度超過某一個極限後，企業的反應就是強化；隨著財務狀況嚴峻造成的士氣低落與其他衝擊，會進一步使品質惡化，因此加速企業的潰敗。這個連續的反應函數實際上並不會改變我們正文提出的論點。

需求對品質變動的彈性既不能太大也不能太小。這一個命題從直覺上來看顯然是一清二楚，也可以表述如下：如果競爭（即叛離）要能成為企業績效衰減的恢復機制，最好的組成是企業裡有**警覺**（*alert*）的顧客，也有**遲鈍**（*inert*）的顧客。警覺的顧客是企業的反饋機制，促使企業努力挽救；而遲鈍的顧客則為企業採取恢復措施提供了時間與資金的緩衝地帶，靜待企業的努力化為果實。當然，由傳統觀點來看，警覺的顧客愈多，競爭市場的運作也就愈好。雖然有些顧客的叛離是讓恢復機制發揮作用不可或缺的一環，但如果把競爭想成一種挽救機制，我們就必須知道其他顧客對品質的下降可能一無所知或根本不受干擾：假如每個人都捧著《消費者報告》（*Consumer Reports*）反覆閱讀，或打定主意當個貨比三家的顧客，就可能會造成企業的大起大落，也可能讓企業錯失透過偶現的失誤而恢復元氣的機會。

　　前面已經提及，在完全競爭的狀況下（消費者擁有完美的市場消費資訊，這也是完全競爭各種嚴格假定中之一），企業的有效修正機制並不會被剝奪，因為表現的惡化絕對不會影響產品的品質或價格，而是直接反映在收益的下降（因為成本上升）。不過，假設現在稍微偏離一下完全競爭模型，企業就有空間調整產品品質，因此表現的惡化**可能**（或

25

許也極有可能）會以品質下降的方式表現出來；而假如企業的銷售屬於高度競爭市場，也就是買家高度掌握一切資訊，那企業很快就會遭到淘汰。換言之，若要把市場當成是一個有效的恢復機制，那麼在完全競爭的世界或許可行；但在準完全競爭（quasi-perfect competition）的世界就不是如此。假如有人放棄，認為企業對品質絕對沒有調整空間（如他在大多數實際情況下得做的），那所謂的最佳安排就不是盡可能趨近完全競爭，但也不是盡可能遠離它；而且，逐步往完全競爭移動也未必是一種改善——次佳論點在此完全適用。 *

競爭做為一種共謀行為

26　　假如企業失去老主顧還能招攬到新顧客，那麼無論品質需求彈性是高或低，個別企業都不會因消費者的叛離而造成任何收益損失。但是，產品品質都下降了，為何還能吸引到新的客人呢？你可以認真想一想底下這一件不大可能發生的

---

* 譯註：second best，一種經濟學概念，意指在某些受限情況下，社會最適的最佳條件無法達成，只能退而求其次，但也得盡可能在該情況下達成次佳狀態。

事：在一個行業裡，各家企業的產品同時發生了程度一致的品質下降，因此每家企業都可以收進一些對其他企業不滿的顧客，但也同時流失一些老顧客到其他競爭對手那裡。在此情形下，叛離對管理者來說毫無預警之用，他們察覺不到自己的失敗之處，因此社會也就期待所有的企業能夠合併——也就是說，以獨占取代競爭能達到更好的效果，消費者會直接把不滿的情緒表現在改善（或許是嘗試改善）獨占者的管理上。但在競爭市場底下，不滿的表現方式是各群消費者做一些效果不大的跳槽行為，從一家惡化的企業跳到另一家，但沒有任何一家能察覺到有事不對勁的訊號。

所有企業在某種類型的業務中，同時出現一致的惡化當然極不可能；因此，針對前面的情況做些微調，有助於賦予它更大的現實性和相關性。競爭市場底下生產出來的新產品，有可能是因為使用，才顯露出產品的瑕疵及有害的副作用；在此情況下，彼此競爭的廠商極有可能主張以改商標、換湯不換藥的方式繼續進行消費者測試，藉此舒緩廠商得確實改善產品的壓力。因此，競爭對廠商來說實在相當方便，因為它阻止了消費者的抱怨，並且轉移消費者的精力，讓他們去尋找很有可能因競爭而出現、但壓根就不存在的改良品。如此一來，廠商的利益即在於維持而不是削弱競爭；為

達此目的，甚至可說是訴諸了某種共謀行為。[6]

　　截至目前為止的論點維持了一項前提：各家競爭對手推出的不完美產品，可能會因為壓力或各方尋求解決方式而被淘汰。不過，儘管抽掉這項前提，競爭下的解決之道可能還是不如獨占（只有一家廠商生產）。因為在競爭狀態下，眾多林立的企業會使得消費者不斷產生「籬笆外的草較綠」的幻覺；也就是說，若去購買競爭對手的產品，或許就能避開瑕疵。但在獨占狀態下，消費者將會學著和無可避免的瑕疵共處，試著在其他地方找到快樂，而不會瘋狂尋找根本不存在的「改良」品。

　　讀者可以判斷看看，周遭的經濟和商業生活是否也存在著上述的現象。[7] 接下來，我會列出幾點評論，但主要與前

28

---

[6] 如果大部分精打細算的消費者，是那些叛離無門就會給廠商製造麻煩的人，那情況就更是如此。因此，競爭機制能為管理者排除最麻煩的潛在客戶。後面還會更詳盡地闡述這個問題。

[7] 為了幫助讀者判斷這個問題，我在此提供一些例證，全部來自那些買了「檸檬」（指爛車）的車主發飆所寫的信：（a）是給福特汽車公司的信，「……不論你寫給我的例行信件中說得多麼委婉動聽，你放心好了，我再也不會購買任何福特汽車……」、「……別再廢話了，獵鷹（Falcon）是我買的最後一輛福特汽車。我是一個二十五歲的姑娘，想來有幾分魅力，為了這台『獵鷹』汽車，本小姐的銀行帳戶都空了，我相信這筆錢在世界上可以買更好的東

面提到的組織概念有關，而非單指商業上的公司。簡而言之，競爭也許只會導致一堆企業互相吸引各自的顧客；在這種程度上，競爭與產品多元化會造成企業的浪費與分心，一旦少了競爭，消費者反而可以更有效地對管理者施壓要求改善產品，或是不再白費力氣尋找「理想」的產品。而以下的敘述將清楚顯示，競爭的政治體制經常也是如此。在政黨體系穩定之時，社會上激進的評論家經常譴責優勢政黨間的競爭提供的「並非真正的選擇」。不過我們實在無法確知，如果少了競爭的政黨體系，公民是否更有辦法推進社會和政治的根本變革（基於論證之便，暫且假定此類改革是民之所欲）？然而，這種激進的評論有一點正確：它指出競爭性的政治體系顯然有能力將可能掀起革命的憤怒轉變成對執政黨的一種溫順的不滿（tame discontent）。雖然這樣的能力通常可能是一種資產，但可以想見，有些情況下它會變成一種負擔。

西……」（b）是給通用汽車公司的信，「……我們家有一台雪芙蘭巴士，還有一台雪芙蘭貨車。你可以百分之一百地說，在歷經這麼多麻煩、不便及時間的浪費後，我再也不會買通用的車了……」「……到現在，我家裡買的通用汽車與貨車已經開了好幾年，但當初買福特也許更好；我會再忍耐這些檸檬，等到 1970 年的新款汽車推出，你就再也看不到我開通用的車了……」以上幾段話摘自車主寄給納德（Ralph Nader）的信，感謝納德允許我使用這幾封信的內容。

美國工會運動的歷史或許能為以上的討論提供一個較為
真實的例證。美國產業工會聯合會（Congress of Industrial
Organizations，簡稱 CIO）和美國勞工聯合會（American
Federation of Labor，簡稱 AFL）於一九五五年合併的早先兩
年，兩個組織簽訂《互不挖牆角協議》（No-Raiding
Agreement）。協議的內容提及在兩年期間各種請願書的統
計結果，由美國勞工聯合會—產業工會聯合會（AFL-CIO）
呈交給「全國勞工關係委員會」（National Labor Relations
Board），爭取成為產業組織談判的官方代表。從中可以發
現，大部分的請願都以失敗告終，而請願成功的可平均分成
兩種，一種是產業工會聯合會請求取代勞工聯合會，另外一
種就是勞工聯合會請求取代產業工會聯合會。所以報告說，
這些結果「迫使我們得出以下結論：兩個聯合會之間的相互
攻擊，破壞了被捲入的工會以及整個工會運動的最佳利
益。」[8] 會有這樣的結論是因為文件指出，組織之間的突襲
（不論是否成功）會造成工人的不安與分裂，以及社會渴望

---

[8] 請見 American Federation of Labor and Congress of Industrial
Organizations, *Constitution of the AFL-CIO* (Washington, D.C., January
1956), AFL-CIO Publication no. 2, p. 36。我要感謝 John Dunlop 提
出這份資料並與我討論。

的是工會運動把精力用在組織鬆散的工人、而不是耗在互挖對方牆角上。這項結論所隱含的一項判斷是，在此情況下，叛離競爭（exit-competition）的缺點會大於其促進效率的優點；以及**也許**，還隱含了一項預設，即這些優點能透過替代機制——也就是抗議——進一步被確認。接下來需要更仔細地檢視這一點。

3

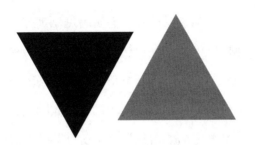

抗 議

VOICE

30　　　　儘管經濟學家尚未仔細調查過叛離選項，但它的存在及它對表現的影響（一般來說假定影響是有益的），卻是行動者判斷與看待經濟制度的基礎。而抗議選項則完全是另一回事。若說抗議是另一個「恢復機制」，可以和叛離並行，或者完全取代叛離，這種說法極有可能引發懷疑與不滿。但在這個抗爭的年代，有一件事益發明顯：不滿的消費者（或組織成員）不只是跳入競爭市場，還可以「大吵大鬧」，迫使懶散的管理者改善品質或服務。因此，審視抗議選項在何種條件下可以有效地補充或是取代叛離選項，不論是正當性或時間點都已成熟。

　　　　對顧客或成員來說，訴諸抗議而非叛離，是指改變企業或所屬組織的作法、政策或產出。抗議的定義是設法去改變，而不是逃離事情令人厭惡的狀態；抗議可以是個人投訴或集體訴願，也可以直接向掌握大權的管理者請願，再者可以往上一級打小報告迫使管理者改變，又或者是透過各式各樣的行動與抗爭表達訴求，包括意圖動員輿論的抗爭。

　　　　可以清楚地看出，如我在導言中所述，抗議是政治體系的**基本**環節與功能，有時候也稱為「利益表達」（interest

articulation）。[1] 政治學家長期以來都很有系統地處理抗議這
項功能及其不同的表達形式。不過政治學家通常只會限定，
發聲表達的唯一替代選項是沉默與漠不關心（而不是叛
離）；至於經濟學家，除了讓不滿的消費者傻傻地忠於原公
司，或是直接跳槽到其他之前就有生意往來的公司外，他們
拒絕去思考可能還有其他的選擇。這為本書留下了討論空
間，亦即本書主張：選擇總是介於發聲表達與「背棄」
（desertion）──即我們所採取的中性詞語，叛離與抗
議──之間。

　　我先單獨談談抗議的運作方式，藉以比較抗議與叛離的
差別。和前文一樣，最初的假定是企業或組織的表現衰退可
以修復，管理者的注意力遂完全集中在修復工作上。當衰退
的跡象顯露時，如果顧客或成員採取抗議而非叛離，抗議的
效果與音量大小將成正比（直到某個程度為止）。但抗議與
叛離一樣也可能過度：顧客或成員的抗議可能會令人心煩意
亂，如此一來抗議不但於事無補，反而會阻礙為了恢復所做
的努力。這樣的情況，在顧客與企業的這種關係上不大可能

---

[1] 近期以比較觀點處理此問題的作品，請參考：G. A. Almond and G.
B. Powell, Jr., *Comparative Politics: A Developmental Approach* (Boston:
Little, Brown and Co., 1966), ch. 4。

發生，原因後文待述；但在政治領域——一個對抗議來說更
具獨特性的領域——抗議可能適得其反的可能性，絕對不會
被排除。

經濟學之於叛離，與政治學之於抗議，在此出現有趣的
平行對照。在經濟學領域，人們長期以來都認為需求彈性愈
大（即每當惡化發生，消費者便立即叛離），經濟體系會運
作得更好；而政治理論長期以來的信念，則是民主的妥善運
作需要人民最大限度的警覺、主動積極和大聲抗議。不過，
這個信念在美國經實證研究後動搖了：投票和政治行為的研
究顯現，長期以來存在著一大批對政治冷漠的市民。[2] 儘管
市民冷漠，但民主制度仍然可以存活下來，這說明公民的政
治行動主義（political activism）與民主制度之間的關係遠比
人們過去所想的還要複雜。一如前章所討論的叛離，既有警
覺也有遲鈍的公民，或是參與（involvement）和退出
（withdrawal）交替，這些組合對民主的幫助或許更勝於完
全、永不改變的參與，也勝過完全的冷漠。道爾（Robert
Dahl）強調其中一項原因是，大部分的公民往往無法充分使

---

[2] 參考 Robert A. Dahl, *Modem Political Analysis* (Englewood Cliffs, N.J.:
Prentice-Hall, Inc., 1966)，針對資料與主要的來源，請見該書第 6
章。

用他們手中的政治資源，因此只要自己的切身利益直接受到威脅，他們就可能以意想不到的精力來回應，也就是使用一般來說備而不用的政治權力與影響力。[3] 根據另一種邏輯思路，民主政治制度也需要「融合各種顯著的衝突」：一方面，公民必須表達自己的看法，政治菁英才得以了解民之所欲並做出回應；但另一方面，政治菁英也必須擁有決策權。如此一來，公民才能一面影響並一面服從決策。[4]

此一命題背後的基本論證，與前文叛離選項必須留在一定範圍內的論點極為相似。抗議能夠提醒企業或組織體察到自己的過失，但不論管理者是新或舊，都必須給他們一點時間，回應過失所帶來的壓力。

最後，抗議與組織效率改進之間的關係，非常類似於叛

33

---

[3] Robert A. Dahl, *Who Governs?* (New Haven: Yale University Press, 1961), pp. 309-310。這一觀點與馬奇和塞耶特針對經濟體系所提出的「組織鬆弛」（organizational slack）這項優點極為類似。請見：*The Behavioral Theory of the Firm* (Englewood Cliffs, N.J.: Prentice-Hall, Inc., 1963), pp. 36-38。

[4] Gabriel A. Almond and Sidney Verba, *The Civic Culture: Political Attitudes and Democracy in Five Nations* (Boston: Little, Brown and Co., 1965), pp. 338-344。Robert Lane 也表達了類似的觀點，他指出在某些條件下：「人們可以指派活躍份子與冷漠份子扮演不同的政治角色，兩者之間的平衡能帶來好處。」請見 *Political Life* (New York: Free Press of Glencoe, Inc., 1959), p. 345。

離的運作模式。不過，這並不表示叛離與抗議在一開始都能帶來正面效應，並在進入後期就變成破壞效應。任何一個特定的企業或組織惡化時，一般是以叛離或抗議做為**主導的**（*dominant*）回應模式。另一個輔助模式出現時規模不大，因此永遠不會產生破壞效應，原因只有一個：如果情況持續惡化，那麼破壞的任務仍會由主導模式隻手完成。例如在一般的競爭性企業，叛離顯然是惡化的主要反應，而抗議是一種嚴重不發達的機制；因此我們很難想像在這樣的情境下，會出現過多的抗議。

抗議是叛離的剩餘選項

當叛離選項不可得，抗議便成為不滿的顧客或成員僅有的選擇。這與家庭、政府、教會等社會基本組織的情形十分接近。在經濟領域，理論建構出來的純粹獨占，就是一種不存在叛離選項的情境；但大部分真實的市場情境都兼具獨占與競爭的特質，使得我們可以觀察抗議與叛離選項之間的互動。

我們回到產品品質惡化與銷售下降的簡單關係，但這次目光要放在那些死忠的顧客身上。若顧客不打算拋棄企業，

就很可能得經歷品質下降帶來的諸般不悅。由於假定顧客有能力表達不滿，因此這些不離開的顧客就是抗議的來源。當然，抗議與否還取決於不離開的顧客不滿程度有多高，而這多半取決於產品品質下降的幅度。

接下來，我們先把抗議大致看成是叛離的剩餘選項（residual）。消費者若未選擇叛離就有可能成為抗議者，且抗議與叛離同樣取決於品質需求彈性。但兩者與彈性的關係卻是完全相反：一旦表達的可能性固定，抗議的實際程度靠的是**無**彈性的需求（*in*elastic demand），或是缺乏叛離的機會。[5]

由此看來，隨著叛離機會下降，抗議的角色將逐步提升，一旦消費者的叛離之路完全被切斷，提醒管理者過失的責任就全落在抗議機制上。叛離與抗議的關係就像一塊蹺蹺板，蘇聯媒體多年來刊登的產品和服務品質的各種抱怨，事實上或多或少說明了此種關係的存在。由於「叛離—競爭」模型在蘇聯經濟中所扮演的角色，遠小於在西方市場經濟中所扮演的角色，因而有必要讓抗議擁有更重要的份量。

---

[5] 這裡只點出叛離規模與抗議聲量之間的關係，我在附錄 A 會更正式地討論此問題。

同理可證，抗議在較不發達的國家扮演著舉足輕重的角色，因為開發中國家不若已開發國家，消費者可選擇的商品較少：諸如同種物品的種類不全，同一景點的旅遊線路較少等等。因此，比起已開發國家，發展中國家的內部瀰漫著更多大聲且帶有政治色彩的抗議，以反對劣質的產品與服務；而在已開發國家，不滿更有可能的表現方式是默默的叛離。

現在我們來看看反應函數（reaction function），意指對遭受抗議的管理者來說，抗議對於效率恢復的影響；對此我們需要先假定叛離是主導的反應模式。針對叛離與抗議的綜合效應做初步評估時，得先排除抗議具有破壞性效果（而非建設性效果）的可能性。顯然，銷量的下降及留下來成員的抱怨與反對聲浪無法輕易累加，導出一個總合恢復效應。[6] 不論是反對傾向還是抱怨的效力，各個「公司—顧客」複合體（firm-customer complex）之間的差異都非常大。儘管如此，我們還是可以得出三個一般性的說法：

---

[6] 例如，當消費者可以退回有瑕疵的產品時，抗議或許也會直接造成公司金錢上的損失。假如抗議看起來完全就像能幻化成這種形象（incarnation），在意利潤的管理者就可以精確計算抗議的可能效果，並與叛離的情形相較。請參考附錄 A。

一、到目前為止所呈現的簡單模型中，抗議是叛離的補充，而不是叛離的替代。在這種情況下，不論抗議出自於何處，從恢復機制的角度來看，都是利大於弊。[7]

二、抗議愈有效（叛離的有效性既定的），需求品質的彈性越低，源自抗議和叛離的結合所帶來的損害，就沒有恢復的機會。

三、試想在超過一個特定的點，亦即叛離的破壞大於好處之後，為了讓叛離與抗議的綜合效應在整個惡化過程保持最大化，最佳的型態可能是在惡化的第一階段對需求採取有彈性的回應方式，而在後期階段採取無彈性的回應方式。這種型態長期以來一直被認為是消費者回應某類商品漲價時的特色：即使價格高，這類必需品消費者非買不可，但購買有限；一旦商品價格下降，就會輕易跨越這個有限的消費量。這也同樣適用在需求的品質彈性，尤其是當惡化產品的唯一

36

---

[7] 抗議在一個我們更熟悉的脈絡中，經常可以有效地促進競爭。經濟學家期待競爭的能力會有效率地分配資源，一般常見的結論是生產與消費中的外部不經濟（external diseconomies，例如污染、海灘上亂丟的啤酒罐），乃是妨礙這類期待實現最嚴重的阻礙。顯然，受外部不經濟所苦的人可藉著有效的抗議，去抑制或避免這些負面作用。換言之，受外部不經濟影響的非消費者，他們的抗議是競爭機制很寶貴的補充機制。一旦看清楚這點，**消費者**的抗議也有補充機制的作用，也就不足為奇了。

另類選擇是價格較高的替代品時。當然，隨著產品品質的惡化，市場需求終將消失殆盡（正如產品價格若無限上漲，受到預算限制，需求也將會消失），但在品質下降的過程中，許多產品或服務的需求會從品質有彈性走向品質無彈性。叛離選項也許能進一步加重這種型態的份量，原因將在第四章詳述。

抗議是叛離的另類選擇[8]

至此，我們處理抗議的方式還是不大放得開：抗議這個新概念，一直被視為完全從屬於叛離。當我們說抗議的力道取決於需求的品質彈性時，也就間接假定產品品質下降時，消費者首先想到的是要不要換一家企業或換一個產品，而不去管自己有沒有能力影響企業的行為；只有當他們決定不離開，才可能大鬧一場。不過，如果由此角度看問題，就可立即清楚地看到，叛離與否**通常要根據抗議的潛在效應來決定**。如果消費者認定抗議有效，他們就有可能**延緩**叛離。因此，需求的品質彈性（也可以說是叛離）取決於消費者是否

---

[8] 針對這一段的主題，附錄 B 有更技術性的討論。

具有採取抗議的能力和意願。事實上，以此方式考慮問題也許更合適；原因在於，如果惡化是長時間一段一段展開的過程，那在惡化早期就更可能選擇抗議。一旦選擇叛離，抗議的機會便流失；但是選擇抗議，並不影響使用叛離。如此一來，在某些情況下，叛離將是抗議無效後所能反擊的**最後手段**。

因此，抗議既是叛離的替代品，也可以是叛離的補充物。那麼，在何種條件下，人們才會傾向選擇抗議呢？這個問題可以更精確地說：消費者原本購買產品 A，此時有個價格相同的競爭產品或替代品 B，如果產品 A 的品質下降，對於購買 A 產品的消費者來說，B 產品顯然比較好；那麼在什麼情況下，消費者會**放棄** A 產品改買 B 產品呢？

一旦把抗議看成是叛離的替代品，那麼當顧客還決定繼續死忠購買現在較差且不斷惡化的產品（或成員決定留在一個越來越糟的組織裡），就能從中看見抗議很重要的一項元素：其假定，只有那些希望並期待 A 產品可以東山再起、勝過 B 產品的人才會選擇抗議，而且不見得這些人都會選擇抗議。通常，顧客或成員會抱著犧牲奉獻的精神與 A 同在，因為他覺得自己想要、也能夠為 A「做點事」；只有當個死忠的顧客或成員，才能發揮自己的影響力。不過，也有

38

些顧客（或成員）在面對另一個顯然更好的產品（或組織）時未選擇叛離，是因為他們期待**其他人**的抱怨與抗議，再加上自己的忠誠，最終能取得勝利。另外有些人不跳到 B，是因為覺得自己很快就會想再跳回來，這樣一來一往太耗費成本。最後，還有一部分人僅僅是出於「忠誠」而不肯放棄 A；這種方式顯然有欠理性思考，但離完全失去理性還差得遠。[9] 這些「忠誠者」多半會積極參與各種活動，力圖改變 A 的政策與作法，但有些人則只是拒絕叛離而忍氣吞聲，並深信情況將會好轉。因此，抗議選項涵蓋了各種不同程度的行動，也包括從企業內部尋求改革的領導行為。不過，它總是涉及「堅持」與惡化企業或組織站在一塊的決定，而此決定依序是建立在：

一、評估一家企業或組織，藉著自己或他人的行動，讓 A「回到正軌」（back on the track）的機會。

二、從各式各樣的理由中判斷，放棄機會換到當前可選擇的 B 是否值得。

---

[9] 請見第七章。

　　這種觀點顯示了，以 B 取代 A 的可替代性（substitutability）
是決定尋求抗議的重要元素，但也只是各種元素中的一個。
如果 A 原本對 B 的優勢差距大到足以讓消費者覺得放棄眼
前略勝一籌的 B 產品是件值得的事，消費者自然會走上抗
議。如果 A 和 B 幾乎能完全相互替代，情況就不會是如
此。但是，如果有一絲絲的不可替代性（nonsubstitutability），
那麼抗議與否將取決於以下兩項因素：一是消費者是否願意
選擇「抗議」碰碰運氣，而非選擇「叛離」這條確定的路；
二是消費者自己、其他人，或是大家一起採取行動（抗議）
之後，消費者預期產品獲得改進的機率。

　　不妨讓我將此處的說法和伯恩弗爾德（Edward
Banfield）研究政治影響力所提出的相關說法進行比較。他
說：「在決策者之前，利益團體打算費多少精力在此，**完全
是看期待的結果能夠帶來多少好處，再乘以（他們）影響決
定的機率。**」[10]

　　伯恩弗爾德的結論來自於他對美國大城市的公共決策，
以及不同團體與個人參與決策過程所做的研究。他和大多數

39

---

[10]　Edward C. Banfield, *Political Influence* (New York: Free Press of Glencoe, 1961), p. 333。粗體為原文所加。

政治學者看的都是「利益表達」的函數，分析的情境是個人
與團體基本上能在消極被動與積極主動之間進行選擇。現在
模型更複雜：由於可以選擇替代品，所以個人或團體可以叛
離。伯恩弗爾德的說法準確地道出了抗議選項的好處[11]，但
從本書的研究目的來看，還需要引入目前一直被視為叛離之
前提的成本。事實上，除了機會成本外，還必須考慮抗議的
直接成本，而這項成本是產品買家或組織成員試圖改變購買
產品企業或所屬組織的政策及作法時，所需付出的時間與金
錢。倘若叛離到市場上購買其他產品，成本可能根本不會這
麼高──即使這可能會損失忠誠的折扣，並增加取得想轉換
替代品的資訊成本。[12]

　　所以抗議比叛離耗費更多成本，而且有賴於顧客或成員
改變購買產品企業或所屬組織所能帶來的影響力與議價能
力。這兩個特點大致指向經濟與社會生活等類似領域，在那
些抗議可能扮演重要角色、而叛離通常是逼不得已或至少需

40

---

[11]　請注意，如我們在本章一開始對抗議的定義，本書的抗議概念要比
　　伯恩弗爾德所說的「影響」一詞寬泛得多。「影響」一詞似乎並未
　　包括直接向現任的決策者表達意見或發洩不滿。

[12]　然而，一旦忠誠問題也納進來，叛離的成本就可能會很明顯，我們
　　在第七章會進一步討論。

要時間醞釀的領域。由於抗議的成本往往高過叛離，隨著消費者可以購買的產品及服務增加，也就愈來愈無法承擔抗議的成本——因為，即便是花一點點時間來糾正與自己打交道的企業或組織的過錯，基本上付出的成本還是很有可能超過內心盤算的回報。這也是抗議扮演的角色對**組織**成員大過**企業**消費者的原因之一：組織的數量遠不如企業。此外，產品多樣化往往會增加需求的交叉彈性係數（cross-elasticities），且考慮到隨機挑中的產品會有劣質品，產品項目的增加在某種程度上也提高了消費者叛離的可能性。基於上述原因，抗議很可能是一種主動機制，主要針對消費者參與的大量採購行為，以及成員參與的組織。

當我們關注造成抗議與叛離不同的另一個特徵，也就是顧客必須預期他自己或其他成員或顧客能夠匯集一些影響力或討價還價的能力時，針對抗議選項的**軌跡**（*locus*）也會做出類似的結論。顯然，這不是我們在原子化市場*上所看到的情況。抗議最有可能扮演要角的地方，是買家不多或是幾個買家就占整體銷售一大部分的市場，因為買家少比買家多

41

---

* 譯註：atomistic market，意指市場上企業及產品數量眾多、極度不集中，一種模糊競爭的狀態。

更容易產生集體行動，而且每一個買家可能攸關重大，各自分開時也甚具威力。[13] 當然，我們看到對組織有影響力的成員要多過對企業政策有影響力的買家，[14] 因此組織之間的抗議也就比企業之間的抗議更為頻繁。

有些產品即使買家不少，卻因為其購買型態特別容易受到抗議。當顧客對平價的消耗品感到不滿時，他很有可能逕自轉投其他產品，而不願大吵大鬧。但是，如果他只有一種昂貴的非消耗品，例如一輛每天開進開出都讓人失望的汽車，那就不大可能悶不吭聲。他的抱怨還可以引起企業或車商的關切，因為未來一年、三年或五年之內他依然是潛在的消費者，而且負面的口碑宣傳對標準化生產的產品有很大的影響。

討論在經濟發展各階段抗議和叛離的比較作用後，得出的結果有兩方面：已開發國家的產品選擇及變化較多，叛離比抗議受歡迎；不過隨著標準化耐用消費品需要大筆花費的

42

---

[13] Mancur Olson, Jr., *The Logic of Collective Action* (Cambridge, Mass.: Harvard University Press, 1965).

[14] 不過，還是可以參考高伯瑞筆下有影響力的買家。請見：John Kenneth Galbraith, *American Capitalism: The Concept of Countervailing Power* (Boston: Houghton Mifflin Co., 1956), pp. 117-123。

經濟愈來愈重要，情況跟著反轉。

　　儘管上面的評論，框限了可能採用抗議選項的範圍，尤其是抗議何時可充當叛離的替代品，但是抗議的適用範圍依然相當大，而且也有點模糊。此外，一旦抗議成為行動者眼中維持表現相當實用的機制，制度設計也就可以朝向降低個人行動與集體行動的成本來進行。或者，在某些情況下，行動**成功**之後的報酬應該多一些給發起人。

　　比起其他的利益團體，我們時常有機會為某些群體（例如消費者）建立全新的溝通管道，因為消費者的抗議難以被聽見是眾所皆知。事實上，消費者將此方面的進步說成是「消費者革命」，亦即參與爆炸的一環。「消費者革命」這個詞並非指建立已久、至今仍然相當有用的「消費者研究組織」，而是指消費者或代表消費者的人所採取的激烈行動；其中最引人注目也最機智的，當屬拉爾夫・納德（Ralph Nader），他還高調地自封為消費者的視察官（consumer ombudsman）。[15] 美國總統自一九六四年起所任命的消費者顧問一職，是針對消費者抗議聲浪的回應；但在美國這樣的

---

[15] 納德對於產品與行動的廣泛討論，可參考他這篇文章："The Great American Gyp," *The New York Review of Books*, November 21, 1968。

經濟體，原本假定「競爭－退出」機制就能解決大多數「至高無上的」（sovereign）消費者問題，是以這項任命著實令人意外。由於上述的發展，消費者的抗議似乎在三個層面制度化：一是透過納德所說的獨立企業家精神；二是透過官方管制機構的復興；三是盡快採取預防措施，把更重要的企業的一部分賣給大眾。[16]

開闢有效的新管道，讓消費者可以傳達他們的不滿，是很重要的一課。儘管結構性限制（例如是否有相近的替代品、買家人數多寡、產品的耐用程度與標準化等等）顯然是消費者針對個別商品權衡叛離與抗議的關鍵因素，但是訴諸抗議的傾向也取決於是否隨時有人準備抱怨，還有能否**發明**制度與機制，讓抱怨的傳達事半功倍。當一個人（像納德）就可以克服結構性限制時，最近的經驗也引發了結構性限制是否配稱為「基礎」（basic）的質疑。[17]

---

[16] 以傳統而言，這些企業一直是透過大量的市場調查來「診斷」（auscultation）消費者的抗議。

[17] 在委內瑞拉社群行動的脈絡中，還有另一個極為生動而切題的個案，請參考：Lisa Redfield Peattie, *The View from the Barrio* (Ann Arbor, Mich.: University of Michigan Press, 1968), ch. 7。她在另一篇論文中也討論美國城市低收入社區誘發抗議的「藝術」，見："Reflections on Advocacy Planning," *Journal of the American Institute of Planners* (March 1968), pp. 80-88。

因此，叛離需要當機立斷的決定，而抗議在本質上則是一門**藝術**，不斷往新方向演進。如此一來，當兩種選項俱在時，行動者顯然傾向叛離：顧客或成員一般會根據**過往**在抗議成本與抗議效益的經驗來做決定，儘管抗議的本質是有可能**發現**更低的成本與更大的效益。所以，一旦有了叛離選項，往往會**使抗議這門藝術的發展萎縮**。這是本書的核心論點，下一章將從不同角度進行論證。

4

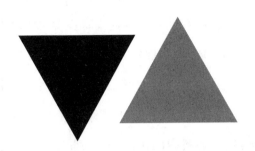

叛離與抗議結合的難處

A Special Difficulty in Combining Exit and Voice

44　　　　前面章節的鋪陳，是為了向讀者說明我的經驗觀察，也就是前言提到的研究起點。我在最近的著作中曾試圖解釋，為何奈及利亞的鐵路在面對卡車競爭時表現得如此之糟，即便是處理一些需長途運送且數量龐大的貨物，譬如花生（產地在奈及利亞北部，離拉哥斯港〔Lagos〕與哈科特港〔Port d'Harcourt〕約八百英里）。我們可以從奈及利亞的環境中找到特定的經濟、社會政治與組織上的理由，解釋卡車讓火車變得更好的超凡能力。但即使如此，我還是有必要說明，**儘管競爭活躍**，鐵路局長期以來竟未能修正自身明顯的效率不彰，原因可能如下：

> 　　有了一個替代鐵路的方案，將使行動者更可能縱容而不是解決鐵路的問題。隨著卡車和公車運輸可用，鐵路服務的惡化幾乎不是嚴重的事，因為鐵路自恃壟斷了長途運輸；只要不引發公憤來要求在行政與管理上推動基本與政治棘手的改革，或是要求激烈的變革，鐵路就可以存活相當長的一段時間。這或許也是國營企業之所以在運輸與教育等部門競爭中一直居於劣勢的原因，不僅是奈及利亞，其他國家也是如此：針對國營企業，出現一種隨時可用

而令人滿意的替代品，並不會刺激改善或帶來一流的表現，只會剝奪了一個當顧客完全被鎖定（locked in）時可以運作得最好的寶貴反饋機制。國營企業的管理階層總是相信國家的財政部門不會丟下它們不管，所以對顧客轉換到競爭模式所引發的收益流失較不以為意，而是比較在乎憤怒民眾的抗議；這些人相當倚賴國營企業提供的服務，沒有其他選擇，因此會「發出怒吼」。[1]

我在奈及利亞還碰過一種叛離結合抗議特別不利於復甦的情況：由於收益流失對管理階層而言並不是頭等大事，所以叛離並未達到引人注目的效果，只要最激動和潛在聲量最大的顧客率先放棄鐵路轉往卡車，抗議就難以發揮作用。最後這種現象尤其值得仔細審視，因為若此一現象有普遍性，那麼叛離結合抗議的機會也就不高，而抗議也只有在獨占的條件下（當顧客完全被鎖定）才會是一種有效的恢復機制。

45

---

[1] *Development Projects Observed* (Washington: Brookings Institution, 1967), pp. 146-147.

在我初步歸納此類情形之前，美國的另一個例子可能很有幫助。若以美國社區的公立和私立學校來取代奈及利亞案例中的鐵路和卡車運輸，結果也是大同小異。假定在某個時點，公立學校出於某個原因開始惡化，愈來愈多關注教育品質的家長就會把孩子轉入私立學校。[2] 這種「叛離」可能驅使公立學校改進；但同樣地，此種驅力的重要性遠遠比不上那些在無私立學校可選的情況下，最有動機與決心對抗公立學校惡化的成員或顧客流失。

上述的例子顯示，除了銷售的進帳，國營機構也能夠自己從外部籌集到各種財政資源，因此對叛離反應遲鈍。但是，在私營企業中也能看到，叛離雖是回應衰退的主要方式，但抗議卻能更有效地阻止衰退。公司管理階層與股東之間的關係為我們提供了一個極為切題的案例。一旦公司的管理狀況惡化，消息靈通的股東第一個反應往往是改看其他管理良好的公司。據說投資者是遵循華爾街的這條規則，引領

46

---

[2] 由於私立學校收費較高且美國的所得分配不均，因此大多數有錢的家長當然會棄公立而選私立。但在收入相同的階級裡，多花點錢改善小孩教育的意願存在很大的差異，收入平平的階級尤其如此。嚴格來說，這裡描述的情形在中產階級聚集的校區最為明顯；他們願意送子女到私立學校就讀，這決定雖重大但還負擔得起。

自己走向叛離而非抗議：「你要是對管理者不滿，就該賣掉股票。」有一本著名的手冊上寫著，這條規則「使得劣質的管理和不好的政策得以永垂不朽」。當然，華爾街的信條並無大錯，只能怪股票市場上唾手可得的投資機會太多，除了一些忠心耿耿的股東，任何人都不會想放棄叛離而選擇抗議。[3]

公私立學校的案例表現得最為清楚，上述情況都有一個關鍵的特色：**最為**關心產品品質的消費者，往往也是最活躍、最可靠和最有創意的抗議者；正是這個原因，在惡化的情況下，他們顯然最可能率先叛離。

這項觀察的有趣之處在於，它界定出一個完整的經濟結構；在「鬆弛」或「易出錯」的經濟框架內，嚴密的獨占都比競爭更受歡迎。不過，要跳到此結論之前，我們還必須將它轉換成經濟分析常用的語言，進一步檢視我們的觀察。

47

---

[3]　這段話引自 B. Graham and D. L. Dodd, *Security Analysis*, 3d ed. (New York: McGraw-Hill, 1951), p. 616。作者在第五十章〈股東與管理者的紛爭〉（Stockholder-Management Controversies）提出了這個論點。兩位作者在該書的第四版（1962）中對此所論甚少，而且似乎意識到，制度明顯不利於他們的勸誡取得任何成功的進展：「也許我們很不切實際地想要對抗傳統但有害的觀點，如果股東不喜歡公司營運的方式，不論股價有多低，他都應該賣掉手上的股份。」

　　從經濟分析語言來看，上面所描述的情形僅是一種似是而非的論調。我們都清楚當物品價格上漲時，率先撤退的往往是那些**邊緣的**顧客（*marginal* customer）、消費者剩餘（consumer surplus）最少的人，也就是說**最不**在意的人撤退得最快。但在產品品質下降的情況，如此反過來說似乎頗為合理：**價格上漲時率先叛離的人跟品質下降時率先叛離的人，會不會並不是同一批人？**[4] 若是能明確回答此問題，就比較能理解為什麼在某些情況下，叛離與抗議的結合運用竟顯得如此棘手。

　　我們之所以提出似是而非的論點，根本原因在於對品質在經濟生活中所扮演的角色探究不足（相對於價格）。傳統的需求分析壓倒性地著重在價格與數量方面，因這些類別具有被記錄、可測量和細緻劃分的極大優勢。經濟學家和統計學家處理品質的變動時，經常透過價格或數量變動的「對等」（equivalent）概念。劣質產品在數量上通常被認為少於標準品質的數量；比方說，產出一個平均使用壽命只有優質汽車輪胎一半（以里程來算）的劣質輪胎，即相當於產出半

---

[4] 附錄 C 中將這種可能性稱為逆轉現象（reversal phenomenon）。讀者如果覺得圖形比文字容易把握，這一段應該搭配附錄 C 和附錄 D 進行閱讀。

個優質輪胎。換一種說法，品質不佳也意味著產品成本和價格升高；例如，如果鐵路貨運服務上下其手的情況增加，貨主要繳的保費也就順勢提高。後面這個例子中，品質的下降基本上可以描述成：「鐵路貨運的服務還是相同，但現在貨主支付的價格比過去還高。」這樣的說法有幾分正確，品質下降對需求的影響（對於那些率先叛離的人來說）跟價格統一上升對需求的影響並無二致。換言之，如果品質下降可以完全轉化成對等價格的上升，且**對所有買家都一視同仁**，那麼品質下降對顧客叛離的影響，也就與對等價格的上升完全相同。

　　現在可以得出一個關鍵論點：對任何一個顧客來說，品質的變動都可以轉換成對等價格的改變。但是，**因為每個人對品質的價值看法不同，對等價格的高低也會因人而異**。前面提到的汽車輪胎例子，以及鐵路貨運有人監守自盜的情況，大致也是如此。能行駛較長里程的輪胎具有多少價值，取決於個別買家對時間貼現率（time discount）的看法。以鐵路貨物運輸為例，保費的增加完全只是為了抵銷貨主因服務惡化而增加的平均貨運成本。有些貨主認為只要兩者相抵就夠了，但對另一些貨主來說，鐵路運輸可靠性降低所產生的成本（譬如帶來不便、影響貨主信譽等等）並不能完全用

49

保險方案來抵銷。不同的群體對紅酒、乳酪或小孩教育的品質感受不同，實在沒什麼好大驚小怪。然而它卻表明，產品的品質下降幅度相同，將會給不同顧客引來不同程度的經濟損失（也就是說，對等價格上升的感受也不一樣）。假如有個人正好是個**鑑賞家**（*connoisseur*），品質惡化前的消費者剩餘極高，也就是說他願意為原本的品質付雙倍的價錢；一旦品質下滑，且有其他同質的競爭產品可選擇，即使價格較高，他也會馬上選擇退出。

這正是我們觀察的立足點：在「鑑賞品」（connoisseur goods）的情況——公私立學校的例子亦同，這一類產品絕對不限於優質紅酒——品質下降時離開的消費者，未必會是價格上升時離開的邊際消費者，卻可能是消費者剩餘相當可觀的內邊際消費者（intramarginal consumer）；或更簡單地說，對價格上升不太敏感的消費者，往往很可能對品質的下降高度敏感。

同時，消費者剩餘很高的消費者，恰好正是那些因產品品質惡化而損失最多的人。因此，除非他們選擇叛離，否則面對產品品質的惡化，他們將是最有可能大鬧一場的人。「你要是能主動逃走，也一定能主動留在原地。」艾利克森

（Erik Erikson）[5] 說的這段話，完全可以適用於非常在乎所屬組織追求何種政策的成員或在意品質的消費者所做出的決定。如何使這類消費者或成員「主動留在原地」一段時間，應該是許多公司及組織極為關心的事，尤其是那些傾向於回應抗議而非叛離的公司及組織。

　　在進一步探索「鑑賞品」個案中消費者行為的變化之前，簡單回顧古老的消費者剩餘概念有其必要，因為此概念似乎有助於衡量不同消費者發揮影響的潛力；而這裡提及的潛力，也是此一概念的傳統內涵。消費者剩餘是消費者願意購買產品的最高價格與實際市場價格之間的差額：差額愈大，消費者受激發而去「做點事」維護或恢復利益的可能性就愈高。如果是這樣，就有可能把一個到目前為止都專屬於經濟理論的概念進行衍伸，用於政治行動。[6]

50

---

[5] *Insight and Responsibility* (New York: W. W. Norton & Co., Inc., 1964), p. 86.

[6] 貿易收益（the gain from trade）這個經過時間考驗的經濟學概念，也可以類似的方式轉化為政治概念，即貿易夥伴能影響獲利的一方。請參閱我的著作：*National Power and the Structure of Foreign Trade* (Berkeley: University of California Press, 1945, rev. ed. 1969), ch. 2。

顯然，替代品是否存在和以下這個問題有關：當產品品質下降，在意品質的顧客是否會立即放棄鑑賞品。第三章討論叛離與抗議兩個選項時，我們是假定替代品或競爭品的價格相同，但品質一開始就略差一等。當然，價格和品質的許多其他組合也經常存在：具體來說，消費者常會在實際購買的物品、品質較好價格較高的替代品以及品質較差價格較低的替代品之間猶豫不決。現在假定只有品質較好價格較高的替代品，而部分消費者一般會買的鑑賞品已經出現品質下降的跡象。因此，情況有可能立即改變：原先最珍惜鑑賞品的消費者將因為品質惡化，率先決定轉向優質高價的替代品。另一方面，當市場上只有劣質低價的替代品時，儘管因產品品質下降、使得對品質高度敏感的消費者得承受較大損失，但比起那些較不在意品質的消費者群體，他們堅持的時間還是會比較久。我們可以用無異曲線分析（indifference curve analysis）輕易證明這一類命題。[7]

因此，對品質相當在意的顧客快速離去（藉著剝奪企業的主要客戶來癱瘓抗議選項），取決於是否有優質高價的替代品。舉例來說，房地產業的情況就是如此。當鄰里的整體

---

[7] 附錄 D 會以更技術性的語言討論此處所提出的幾個論點。

條件惡化，那些對安全、清潔、學校等居住品質要求較高的住戶就會率先遷出，或是到價格比較昂貴的鄰里或郊區尋找房子。自此以後，在試圖阻止或扭轉居住環境惡化的公民團體或社區行動計畫中，就再也看不見他們的身影。回到公私立學校的案例，現在似乎可以看出收費較低的公立學校與私立學校競爭時位居下風的原因了。第一，如果公立學校的教育品質惡化，對教育品質比較敏感的家長將不會採取任何挽救措施，而是直接把孩子轉到私立學校。第二，孩子轉學後，一旦私立學校的教育品質也開始下降，這類家長會讓孩子們在私立學校多留一段時間，而不像公立學校品質惡化那樣立即轉學。因此，當公立與私立兩種體制並存，而私立的教育品質高於公立時，私立學校教育品質惡化「從內部」抵抗的情況會比公立學校品質惡化的抵抗還要激烈。況且，由於叛離對公立學校而言並不是一個有力的恢復機制（但必須量入為出的私立學校就遠非如此），兩種機制（叛離或抗議）其中一種機制的失敗還要因另一種機制的無效率進而雪上加霜。

52

　　前面的觀察最適合用於一些重要的非連續性選擇和決策，例如兩種教育制度或兩種運輸方式之間的選擇。[8] 如果產品品質與價格的分布區間完整且連續，即從劣質低價的產品一直到優質高價的產品，那麼，除了最高和最低的產品外，任何產品的品質惡化都將迅速帶來叛離的組合：對品質敏感的消費者將轉向優質高價的產品，對價格敏感的消費者將轉向劣質低價的產品；當產品品質下降而非價格上升時，前者會率先離開，而後者在不久之後也會跟進。

　　「抗議」阻止優質產品惡化所扮演的角色大於阻止劣質產品的惡化。然而，此一命題對一個充滿變化的產品來說依

---

[8]　附錄 D 表明至少得有三種物品，才會發生逆轉現象。這三種物品分別是：品質下降或價格上升介於中間的物品（intermediate），品質與價格都較高的物品，最後是品質價格都較低的物品。面對三種物品的選擇，當介於中間的物品**價格**上漲時，要求不太苛刻的消費者會率先叛離（即轉向價格與品質都較低的物品），如果介於中間的物品**品質**下降，對品質敏感的消費者將率先叛離（投向品質與價格都較高的物品）。儘管內文僅列出公立學校和私立學校這兩種「物品」，但是如果公立學校學費上漲，第三種選擇就會出現在人們常買的物品的「另一邊」，也就是在家自學。如果公立學校不再免費，許多對教育品質要求不高的「消費者」無疑會選擇第三種。因此，在這個個案中並無法排除逆轉現象。相似的推理方法也適用於其他類型的二分選擇：如果仔細找，第三種選擇一定存在；如果習慣買的東西漲價，人們總能找到次一等的商品。

然成立，只要假定該產品的品質選擇區間並非以同一種**密度**（*density*）均勻分布的話。倘若只考慮規模經濟的影響，高品質區間的產品密度似乎低於中低品質區間。這樣的話，高檔產品的惡化顯然得發生在品質敏感的消費者叛離並另尋次佳的選擇之前。因此，產品品質較高，抗議選項的範圍（*scope*）和訴諸抗議選項的可能性最大；比較起來當產品品質落在中低檔時，範圍與可能性都比較小。

　　由此可以產生兩項推論。第一，這可以連結到教育個案的討論，抗議防止品質惡化所扮演的角色，對一些基本服務也就是後來所謂的「生活品質」尤其重要。因此，我們也就看到一項令人不安（但並未脫離現實）的結論：以這些基本服務為例，阻止品質惡化需要抗議，而且因為抗議將出現在高品質而不是較低品質的範圍，高層和中層或低層生活品質之間的分歧將愈來愈明顯。在一個向上流動的社會情況尤其如此。假如社會阻止人們從一個階層向另一個階層移動，訴諸抗議選項將自動地增強：每一個人都有強烈動機去捍衛自己的生活品質，上層與下層階級的分歧傾向擴大而且愈來愈僵化，這在向上流動的社會已越發明顯；然而這點並不容易察覺，因為我們的文化一直以來都理所當然地認為，機會平

54

等與向上社會流動的結合將確保效率與社會正義。[9]

　　第二，如果將優質產品的品項愈來愈少的預設，拿來與「為達最佳結果，叛離與抗議的結合不可或缺」此一看似合理的概念對話，就會得到另一個完全不同的推論。如果此一概念被接受，低檔產品的恢復機制將會太過倚賴叛離，**但高檔產品卻可能苦於叛離的不足**。後面這項命題在本書的結尾處會有進一步說明。

---

[9]　Michael Young 精彩的諷刺之作直接點出此信念的謬誤。請參考：*The Rise of Meritocracy* (1958, Penguin Edition 1968)。另見本書（原書頁碼）108-112 頁。

5

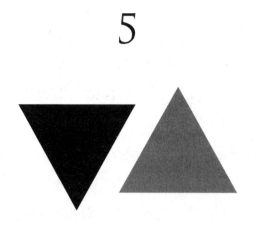

如何透過競爭緩解獨占[*]

HOW MONOPOLY CAN BE
COMFORTED BY COMPETITION

55　　　　高度的獨占在特定情況下勝過較為鬆散的競爭，這樣的理解對一個西方經濟學家來說實在難以接受。然而，以上論點迫使我們承認，在以下兩種情況，一個無路可退（no-exit）的情境將優於一些稍有退路的情境：

（1）如果叛離無法扮演恢復機制，還讓企業或組織把那些關注品質、警覺和潛在積極的顧客或成員全數趕走。

（2）如果抗議能成為有效的機制，當顧客或成員在各自的企業或組織中被鎖定時。

第一種情況顯然符合許多情境。我們在這一章以及後幾章裡還會提出更多例證。第二種情況確實是個很大的主題：如前面所述，在一個組織內部發展「抗議」，與透過意見和利益的表達和匯集而有民主控制的歷史是同義詞。

基本上，成員或顧客動彈不得，並無法保證未來的抗議聲量能夠大到發揮效果。如下面即將論述的，對組織產生影

＊ 當初我在寫這一章時，竟對約翰・希克斯（John Hicks）三十五年前這段著名的評論隻字未提：「獨占的最大利益是促進社會安寧。」（The best of all monopoly profits is a quiet life.）如果寫作時記得這段話，我對經濟學家忽略「懶惰的獨占者」（lazy monopolist）的批評就不會如此尖銳；同時，也能將本章的主要觀點表達得更犀利：在針對抗議的存在（existence）與強度的一些假設裡，競爭比獨占更有利於促進社會的安寧。—— A.O.H.，1971年 9 月 30 日。

響力的重要方法是威脅要叛離到敵對陣營。然而，如果沒有競爭對手，叛離便不具威脅性；因此抗議不只在叛離是可能的情況下受到掣肘，令人想不到的是，即使在不可能叛離的情況下，抗議也會受限。然而，我們還是能提出一種機率陳述（probabilistic statements）。例如，當我們思考在一個社會中組織的權力架構和回應能力，以及普遍準備好要伸張自己利益的個人或團體時，無論是哪一種情況，（比起有機會叛離）當顧客或成員動彈不得時，抗議將更能維持效率。[1]

56

---

[1]　讀者或許已經注意到，這個情況和完全競爭市場有著耐人尋味的對稱性。我在第一章註釋 1 指出，為了完全競爭市場生產的企業，因為無法調整價格或改變產品的品質，因此只能直接透過成本的提高來發現自己的不足，而不是間接從顧客的反應掌握缺失。企業會遭受損失，而損失的大小取決於效率流失的程度。假如流失的程度小，損失也就較小，公司就有機會復原。如果稍稍偏離完全競爭市場，讓企業做為產品價格和品質的制定者掌握市場權力，同時需求又有較大的彈性，情況就會完全不同：效率小幅流失造成產品品質稍微下降，但卻造成收益銳減，企業就會立即屈服。這顯示類似的情況在光譜的另一端（獨占市場）也相當普遍。在某些情況下，從我們恢復機制的效果來看，完全的獨占可能要比稍稍受到競爭阻撓的獨占還受青睞。因為，有限度的競爭造成的損失微不足道，無法引起管理層對過失有所警惕，同時競爭還能使最勇於發聲的顧客離開企業，在關鍵時刻削弱抗議的聲音。因此，不論是在完全競爭還是完全獨占的極端情況，恢復機制的效果都勝過市場權力與競爭結構**稍微偏離**時的情況。

　　或許看待此事最好的方式，是承認我們陷入一種兩害相
權取其輕的處境。傳統上「全面性」的獨占有何害處和弊端
已為人所知，但我們還應該關注一些獨占力量不甚完整卻相
當頑固的組織，它們能在更加警覺的顧客或成員叛離之後默
默存活下來。兩種制度中的哪一種比較令人不滿，將會是個
很現實的問題。

57　　我在此所採取的觀點與長期以來對獨占及反獨占的關注
精神形成對比。傳統上，人們往往預期獨占者會用盡全力藉
由限制生產剝削消費者，並讓利潤極大化。公共政策主要也
是依據此預期而定。即使高伯瑞這種無時無刻都在否定「俗
見」的學者，也是把剝削行為看作主要甚至是唯一需要防範的
危害。在《美國資本主義制度》（American Capitalism）中，高
伯瑞僅指出競爭已經成為發達資本主義經濟的壟斷趨勢下不
切實際的替代方法，並且讚揚另一種已經存在的補救辦法，
就是「反制力量」（countervailing power）。但是，如果我
們不僅要擔心獨占者利潤極大化與勒索的行為，也要擔心他
們走向無效率、腐朽和衰弱的趨勢，情況又會是如何呢？最
後，可能的一種常見危害是：獨占者制定高價並不是為了獲
取超額利潤，而是因為成本居高不下；另一個更常見的情形
是，獨占者任由產品或服務品質惡化，卻未能從中獲得任何

金錢上的優勢。[2]

我們將剝削和牟取暴利等現象視為引人注意的特質，然而一些近乎相反的、被獨占與市場權力所允許的缺陷，亦即懶散、脆弱、腐敗等等，卻沒有得到太多的關注。如果要挖掘這些所謂公共政策的問題，就必須拓寬視野，跳出「盎格魯—薩克遜」的白人世界。因為那裡的經濟思維通常是採取利潤最大化或「緊繃型經濟」的模式。而幾年前，當法國一位頗具名望的經濟官員提出各種公眾控制企業的提案時，他也挑出搖搖欲墜的企業在管理階層的無能及「放縱」是個重要的問題。[3]

58

---

[2] 我們可以比較巴西學者所做的評述：「巴西的土地集中之所以是妖魔，不在於它缺乏人性或是殘忍，而是因為它缺乏效率。」參見 Jacques Lambert, *Os dais Brasis* (Rio de Janeiro: INEP-Ministerio da Educacáo Cultura, 1963), p. 120.

[3] François Bloch-Lainé, *Pour une réforme de l'entreprise* (Paris: Editions du Seuil, 1963), pp. 54-57, 76-77。英語世界的文獻（尤其是探討工會問題的文獻）針對獨占的「倦怠」（sleepy）或「懶散」（lazy）有可能存在的現象給予了一定的關注。請參考：Richard A. Lester, *As Unions Mature* (Princeton: Princeton University Press, 1958), pp. 56-60 與 Lloyd G. Reynolds and Cynthia H. Taft, *The Evolution of Wage Structure* (New Haven: Yale University Press, 1956), p. 190。然而，討論的焦點卻一直落在獨占的剝削問題上，而剝削也一直是管制和反托拉斯立法的唯一動機。

　　政治權力與市場權力極為相似，它們都允許有權者放任自己的凶狠殘暴，或放任自己的軟弱無力。然而濫用權力及侵犯個人權利的危險因為一些冠冕堂皇的理由一再成為目光焦點，而非關注疏於管理和官僚不適任的問題。因此，現在受到廣泛討論的督察員辦公室（office of ombudsman）的設立初衷就是為市民提供一個申冤的場所，以反抗官員的權力逾越憲法。但是後來，這個制度的初衷發生了「主要目標的轉移」，現在它已經變成「推動行政革新」、懲戒瀆職等事情的單位。[4] 顯然這個制度現在是用來糾正或訓斥官員的**好逸惡勞**，儘管設立此辦公室的初衷是為了阻止蠻橫的官員濫用權力。

　　制度能身兼其他功能固然值得讚許，但卻不能期待這成為定則。如果每一種杜絕權力濫用的制度想防止獨占者一心追逐利潤，最後卻得身兼二職來解決獨占者懶惰與分心的習慣，那就太令人詫異了。「叛離─競爭」就是一個例子。一旦獨占者的剝削及追求最大利潤確實能帶來好處，而帶入競爭的主要目的卻是阻止獨占者的軟弱無力與平庸，那麼競爭

59

----

[4] Hing Yong Cheng, "The Emergence and Spread of the Ombudsman Institution," The *Annals,* special issue on "The Ombudsman or Citizen's Defender" (May 1968), p. 23.

可能就弊大於利。因為在此情況下，「叛離─競爭」可能是如之前所說的致命地削弱抗議，而不會嚴重危及組織的生存。奈及利亞鐵路運輸公司的情形就是如此：一旦發生虧損，公司總能輕而易舉地從財政公部門那裡挖到錢。不過很多案例也顯示，競爭並無法如預期般限制獨占，反而是替獨占掃除一些棘手的顧客，**緩解**獨占的壓力並**支持**獨占的延續。如此一來，我們就能點出一種重要卻較少人關注的獨占型暴政（monopoly-tyranny）：這一種暴政較為節制，由於它**毫不起眼且可以避免**（*unambitious and escapable*），因此無能者欺壓弱者、懶惰者剝削窮人的情形也就更持久、更令人喘不過氣。對比引起大部分目光的極權主義者、亟欲擴張版圖的暴政，或是一心想著利潤最大化的獨占者，兩者間的反差確實極為明顯。

當獨占權依附於在地區位，且當地不同顧客之間的移動能力大相逕庭時，常常能在經濟領域看到此類「懶惰的」獨占：它們「歡迎競爭」可以喘口氣，並化解外界的批評。如果移動力高的顧客是對品質最敏感的人（往往如此），他們因當地獨占者的表現不佳而叛離，反而使獨占者可以安穩地維持一種平庸的狀態。就以小鎮或「貧民窟」裡的店家或發展中國家好吃懶做的電力公司為例吧：要求比較高的顧客終

於決定不再忍受電力無預警的停電；不是搬走，就是自己安裝獨立的電力供應設備。

另外一個例子就是美國郵政（United States Post Office），這個懶惰的獨占霸主因挑剔且有錢的顧客叛離的機會有限而得以茁壯。美國郵政提供電報、電話等快速可靠的通訊方式，使對郵件傳遞的缺陷比較可以忍受。另外，這項優勢也讓美國郵政得以打壓顧客眼中其他更好的選擇；因為他們發現，叛離到其他通訊模式既不實際也不實惠。

事實上，專橫又懶惰的獨占者也許樂於為那些抗議聲浪刺耳的消費者**創造**有限的叛離機會。以下我就充分說明「利潤最大化」與「懶惰」兩種獨占者的差異：如果可能，專橫的獨占者會採取差別定價策略，以便從強勢積極的顧客那邊攫取最高的利潤；而懶散的獨占者則靠定價把這些顧客完全趕出市場，這樣就不再需要汲汲營營、追求惱人的卓越。因為，強勢積極的顧客可能是願意支付最高價格的一群人，也可能是品質下降時最愛挑剔且最囉唆的一群人。[5]

---

[5] 懶惰的獨占者還有另外一種方式可以讓自己擺脫消費者的抗議：他可以推出專屬的優質及「鍍金」服務。這是從品質而非價格方面提供的差別待遇。當然，這樣做的目的並不是要汲取最大利潤，而是要買到「（品質或服務）惡化的自由」。

從利潤最大化的觀點來看，令人眼花撩亂的差別定價（topsy-turvy discrimination）在經濟生活和歷史典籍中鮮有記載；究其原委，一方面或許是我們不曾費盡心思挖掘，另一方面則是差別定價通常難以實行。然而，在政治上則有一個相當熟悉且極為類似的情境。長期以來，拉丁美洲的當權者都鼓勵他們的政敵或潛在異議份子藉著自願流放退出政治舞臺。拉丁美洲國家廣泛採用的政治庇護權，幾乎可被視為是一種「限制抗議的陰謀」。哥倫比亞的某條法律就是此一現象的明證：法律規定總統卸任後，選擇海外居住可以領取美元津貼，留在本國居住則領取哥倫比亞披索，而兩者的金額數相等。由於法律生效時一美元等於五至十披索，故顯示官方提供給潛在「麻煩製造者」的叛離誘因實在非常優渥。

　　即使沒有經濟上的利誘，對一些國家來說，不滿或落敗的政治對手要選擇叛離也相對容易。以下對日本和拉丁美洲的政治比較，就進一步說明了抗議能帶來朝氣蓬勃且富建設性的政治過程，而叛離則造成腐化：

　　日本是個島國，異議者難以跨越疆界。由於異議者無法輕易地叛離，日本遂養成一種讓雙方折衷改進的美德。而阿根廷的報刊編輯在面臨逮捕和暗殺的

威脅時，只要涉過一條河便到了烏拉圭的蒙特維多
（Montevideo），還可以在周邊熟悉的口音、臉孔
與熟悉的書籍中找到家的感覺，也可輕易結交朋友
或尋得新工作（要是現在，他可能在各個國際組織
安排下獲得政治庇護）。但是在日本，除了極少部
分人之外，一輩子就只有一個家。[6]

由此看來，日本靠著「無路可退」的政體取得了一點優
勢；而拉丁美洲社會無時無刻都有叛離的機會，或許這也和
西班牙的民族性格、充滿**男子氣概**（*machismo*）的儀式等既
有的傳統因素一樣，是促成當地政治出現黨派與個人之爭的
主因。

---

[6] R. P. Dore, "Latin America and Japan Compared," in John J. Johnson, ed., *Continuity and Change in Latin America* (Stanford: Stanford University Press, 1964), p. 238.

6

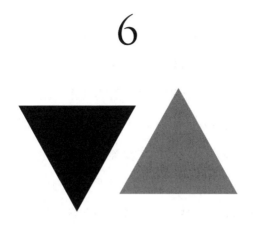

論空間雙占與兩黨制動態

ON SPATIAL DUOPOLY AND THE
DYNAMICS OF TWO-PARTY SYSTEMS

62 　　迄今為止，我們一直把企業或組織清晰明確的表現惡化當作分析的起點。叛離和抗議是在回應惡化，且在某些條件下，還能起到阻止惡化和扭轉頹勢的作用。消費者面對品質下降的回應程度大小不一，但不論是正面或負面的回應，他們**全都**經歷了改變。我們現在放棄原先的假定，如此一來品質和價格可以回到原點，以兩種截然不同的現象分別呈現：對**全體**消費者而言，價格下降是個好消息，價格上升則代表全體消費者實際收入降低。然而品質的變化卻大不相同：有人對此興高采烈，有人卻感到不大對勁。當然，政黨和其他組織立場的轉移也是如此。

　　當企業與組織有機會改變品質時，會讓有些人開心，卻讓另一些人不悅，因此企業或組織最有可能選擇的品質點，也就成為問題所在。經濟學家的答案是選擇利潤極大化的品質點。[1] 不過，這種制式答案並無法真正解決我們的問題，因為如果調整產品品質（產品成本不變）是一把雙面刃——既會吸引、也會流失一些顧客——利潤最大化這個標準就難以提供獨一無二的解決之道。或者，假定該企業是獨占者，

63 那產品的品質變動就不會影響顧客的實際流失或增加，而是

---

[1] 為了簡潔之便，我們假定文中所討論的品質變動對成本毫無影響。

造成幾家歡樂幾家愁的局面。為了使情況更為明朗，或許可
以帶入另一個標準：企業除了追求利潤最大化，也往往會盡
量降低消費者的不滿，因為企業存在高理性目標，一方面除
了贏得所在社群的善意，一方面也是要減緩社群的敵意。[2]
一旦這項標準也發揮作用，通常企業就會傾向讓產品品質落
在可實現最大利潤的中間區段。假定一家獨占企業有 A 和 B
兩群顧客，如果產品品質從 A 滑向 B，A 群就會忿忿不滿，
但 B 群卻歡呼雀躍。如果 A 與 B 兩群顧客的不滿程度一
致，追求顧客不滿最小化的企業就可能會讓品質落在 A 與 B
的中間點。[3] 如果產品品質由 A 向 B 滑落的過程中，A 的不

---

[2] 我們當然可以把企業顧及自身聲譽等同於「長期」追求利潤最大化
的行為。

[3] 如果消費者品味的次數分配（frquency distribution）呈常態分布，追
求怨氣最小的企業當然會選擇中間點。即使消費者的品味在 A 與 B
之間平均分布，一旦假定不滿是依據實際品質與期望品質之間的差
距而定，同樣可以用此方式將不滿降到最小。A 與 B 之間的尺度代
表的是直線市場（linear market）上的實際距離，這在很久之前就已
經做為一種特殊案例得到證實（請見本章註釋 6）。公司在這條線
的座標代表著「品質」；品質的任何改變顯然都將獲得客人正反兩
面的評價，公司所在位置給不同消費者所帶來的移動成本，就等於
他們不滿的程度（假設金錢的邊際效用固定）。如果消費者的口味
呈雙峰分布（bimodal distribution），一如內文所示，就必須附加上
其他條件，才能得出企業最終會選擇中間點。可信的說法是不滿的
升高將大於實際品質與期待品質之間的差距，因此品質變化與不滿

滿及抱怨聲浪遠大於 *B*，企業選定的品質標準就會明顯靠近 *A*。

　　從企業品質的選擇題中，抗議的概念就此浮現，另外可能也得將確定性（determinacy）的因素納入考量。與其把企業的選擇理解成是基於自利、為了盡量降低顧客不滿而做出的至高無上的行為，[4]比較可能、或許也更實際的說法是：企業的選擇只是在回應顧客的抗議，或者說是在回應阻止企

之間的關係就呈現出以下的圖形：

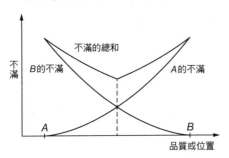

從圖形可見，*A* 與 *B* 的中間點仍然是 *A* 和 *B* 不滿總和的最小值。

[4] 或是如 Otto A. Davis 與 Melvin Hinch 所假定，是出於一種純粹的利他主義（altruism），請參考：Otto A. Davis and Melvin Hinch, "A Mathematical Model of Policy Formulation in a Democratic Society," in J. L. Bernd, ed., *Mathematical Applications in Political Science* (Dallas: Arnold Foundation, 1966), II, 175-208。這篇文章的作者以類似的結果檢視「仁慈的獨裁者」（beneficent dictator）如何使公民的效用損失函數（utility loss function）降至最低；也就是說，他追求的政策是如何讓公民的不滿最小化。

業朝反方向走（衰退）的抗議聲音。但是，如果抗議在利潤
最大化這項標準無法引導企業，扮演決策的關鍵角色，那當
利潤最大化在品質區間選定一個明確落點時，就不應該完全
忽視抗議的作用。換言之，關注抗議（意味著使敵意和不滿
趨於最低）可以使關注利潤最大化變得更有意義。萬一利潤
最大化與不滿最小化相互抵觸，兩個目標之間勢必會有一些
妥協與權衡。

　　這裡所說的衝突與權衡，尤其是透過以下的方式來建
構。假定仍然有 A 與 B 兩群消費者，企業產品品質由 A 向
B 滑動時，A 並無其他替代選項；而 B 的需求具有高度彈
性，若品質由 B 向 A 滑動，B 會一窩蜂地離企業而去。在這
種情況下，滿腦子想著利潤最大化的企業就會將產品品質定
在 B 點，而想著讓不滿最小化的企業則會選擇 A 點。如果
選擇 A 點，A 群會非常開心，而 B 群則琵琶別抱；B 群消費
者不會對得罪自己的企業好聲好氣，但會透過叛離切斷與企
業的聯繫，也就不會對企業發揮任何一丁點影響力。無論如
何，由於他們能輕易找到替代品，所以損失的好處也不會高
到無法承受。反之，如果企業將產品品質定在 B 點，A 群消
費者就別無選擇、只能遷就，但他們必然會怨聲載道。這種
情況下，對抗議極度敏感的企業就會在品質區間上偏離原本

65

可實現利潤最大化的品質選擇點。因此請注意,當消費者對產品不滿又別無選擇時,企業極有可能稍稍退讓,偏離可實現利潤最大化的品質標準。這個結果與人們對強勢消費者的傳統看法牴觸(或至少是不符合傳統)。一般相信消費者的強勢源自於以下事實:他可投向其他企業的懷抱,懲罰不在乎顧客偏好的企業。但我們現在可以看到,**無法**投向其他企業懷抱的消費者,或是最有動機去哄騙、威脅及促使企業關心他的需求與喜好的消費者,有了另一種權力。[5]

前面的討論直接影響了經濟和政治思想等源遠流長的知識系譜。大約四十年前,哈泰林(Harold Hotelling)發表的一篇著名論文[6] 開創了諸多新的研究領域:雙占(duopoly)、區位理論,以及兩黨制動態。他的論點曾被後人詳加論述並確立,但基本觀點卻未曾被直接挑戰過。哈泰林的觀點簡單整理如下:他認為消費者或是不同政治模型

---

[5] 只要品質變動被界定為惡化,而**全部的**消費者都如此認定,叛離和抗議就會把企業推向同一個方向。假如企業修正作法,隨之而來的恢復就會是叛離和抗議的「共同成果」(joint product),也就難以區分或評估兩種機制各自的貢獻。而當產品品質變動在有些人眼中是改善、有些人眼中是惡化時,就比較容易測出兩種機制的相對強度,因為如同我所解釋的,兩種機制的作用方向有可能截然不同。我在本章最後將討論這個問題。

[6] "Stability in Competition," *Economic Journal*, 39:41-57 (1929).

中的選民是沿著 A 到 B 這條有限的線性尺度，或是從左派
到右派均勻分布。假定兩個企業（或兩個政黨）各自落腳於
左右兩半的中間（四分之一處）。從社會的觀點來看，這樣
能盡量降低消費者的移動成本，所以是一種理想的安排。如
果將模型應用到政治領域，結果也會一樣：落在四分之一
處，能縮小選民與政黨之間意識形態的差距，因而，選民對
黨綱與實際政策的不滿能夠降到最低。現在進一步假定，兩
個企業或政黨中屬於左邊的那一個，可以不耗成本沿著線任
意移動，而另一個卻在原地動彈不得。在這種條件下，追逐
利潤最大化的企業或爭取選票最大化的政黨就可能由左向右
移動。因為，只要能自由移動的企業或政黨一直處於動彈不
得的企業或政黨的左側，它就還保有最左端的顧客或選民，
卻可以挺進對手陣地，拉攏右邊的新顧客與選民。這也就得
出兩個重要結論：

一、在上述雙占的條件下，兩個企業有向中間靠攏的趨
　　勢。

二、利潤最大化或選票極大化的行為是社會所不樂見，
　　因為比起兩家企業都站在四分之一處，這樣做會抬
　　高消費者取得產品的總成本（如果將消費者所承擔

67

的移動成本也一併考慮在內）。而我們同樣可以說，在兩黨制的政治體系之中，政黨要再更靠近一些雖然可行，卻也不是社會所樂見的。[7]

這個在政治學者特別受青睞的「優雅模型」（elegant model），卻無法準確預測事件的實際發展軌跡，斯特里頓（Paul Streeten）和孔恩（Thomas S. Kuhn）的格言可謂鞭辟入裡：一個模型絕不會被事實推翻，無論事實的破壞力有多

---

[7] 兩者存在一個重要的區別：在兩黨的政治角力底定之後，獲勝的政黨就會完全接手政權；而在雙占的情況下，兩家企業則會永遠共享市場。因此，政黨落腳於四分之一處可盡量降低民眾對政黨立場與政策的不滿，但無法降低民眾對政府立場與政策（也就是兩黨惡鬥後的結果）的不滿。不過，我們仍可以這樣認為：雖然兩黨制有風險，但仍充滿意義，遠勝過一些無意義的選擇。換一個稍微不同的說法：一般老百姓或許比較希望讓自己強烈認同的政黨有機會擊敗另一個自己堅決反對的政黨，而不是讓權力落到一個自己談不上喜歡、也說不上厭惡的中庸型（middle-of-the-road）政黨。這一點被 Davis 與 Hinch 忽略了：他們認為兩個候選人之所以會落腳四分之一處，是因為提名過程中兩政黨提名人是完全由各政黨黨員投票所選出。從美國的民主制度來看，這一點相當吻合實況。但從整個社群的角度來看，這個四分之一處的結果未必會有人反對；就如同 Davis-Hinch 分析所影射的，他們設定「仁慈的獨裁者」追求的假想政策會是最佳解。請見本章註釋 4。

大；它只會被另外一個模型推翻。[8] 我並不是說模型完全不會改變。在經濟大蕭條以及新政（New Deal）之後，民主黨和共和黨在意識形態上漸行漸遠，就有人曾試著要修正模型以符合現實。這有如哈泰林所言，[9] 模型的結論極度取決於整個線性市場需求無彈性的這項預設，這是模型的優勢來源。根據這項預設，消費者總是在離家最近的店鋪購買產品，不管這家最近的店鋪離自己有多遠；而公民也總是投票給跟自身立場最接近的政黨。另一方面，若是需求有彈性，當企業或政黨向中間移動時，就會失去原先支持自己的顧客或選民，而這樣的流失至少會抑制組織模型出現社會所不樂見的集中趨勢。[10]

---

[8] 斯特里頓在寫給作者的信中提出這段名言。孔恩進一步發展出極有說服力的觀點，請見：Thomas S. Kuhn, *The Structure of Scientific Revolutions* (Chicago: University of Chicago Press, 1962)。

[9] "Stability in Competition," p. 56.

[10] 假定需求在整個線型市場上都具有彈性，或是超過某一個範圍的移動成本之後就出現了正面的彈性（positive elasticity）。請分別參考：Arthur Smithies, "Optimum Location in Spatial Competition," *Journal of Political Economy*, 49:423-439 (1941)，或是 A. P. Lerner and H. W. Singer "Some Notes on Duopoly and Spatial Competition," *Journal of Political Economy*, 45: 145-186 (1939)。Smithies 明確提出自己如何修改哈泰林的模型，說明共和黨和民主黨何以在一九三〇年代強化意識形態的立場，對比哈泰林在一九二〇年代晚期寫作時意

　　一九五〇年代艾森豪入主白宮後政局沉寂，加上某些傑
出學者過早地宣判意識形態已死，致使歷史的鐘擺又晃向了
另外一側。在這種氛圍下，哈泰林模型再度被人提及。唐恩
斯（Anthony Downs）在其名著中質疑哈泰林現實主義的預
設：選民的意識形態光譜真的是從左到右均勻分布嗎？[11] 如
果選民的分布呈單峰形狀（往中間靠攏），即中間高往兩端
下滑，那麼哈泰林所稱的集中趨勢（custering tendency）就
站得住腳（但還應該說集中趨勢不會有均勻分布預設下所指
稱的社會損失）。因此，唐恩斯重新恢復哈泰林的論點。他
並未質疑讓哈泰林論點得以成立的彈性需求，反而完全支持
這項預設，但藉著選民從左向右基本呈「常態」分布的新預
設，打消彈性需求的作用。[12]

　　哈泰林的模型被唐恩斯擦亮之後，模型解釋現實的能力
再度因歷史的反覆無常受到質疑。共和黨一九六四年挑選高
華德（Barry Goldwater）為候選人，證明兩黨之中至少有一

　　識形態味道是比較淡薄的。

[11]　*An Economic Theory of Democracy* (New York: Harper and Brothers, 1956), ch. 8.

[12]　唐恩斯用了很多篇幅檢視兩黨制和多黨制次數分配的其他情況。但
　　　在討論兩黨制的時候，他強調政黨立場的趨同（convergence）與模
　　　糊（ambiguity）趨勢，因此基本上也支持了哈泰林最初的發現。

個極不願意照著哈泰林—唐恩斯的劇本來走（一九六八年挑選的尼克森也是）。一般而言，越來越多的證據表明，兩黨在很多重大問題上的立場基本上一直都背道而馳。[13]

　　抗議概念可以徹底修正一九三〇年代引進彈性需求所建立起來的哈泰林模型。在販售生活必需品的雙占市場以及穩健的兩黨制情況下，哈泰林模型無彈性需求的原始預設完全符合現實。他的預設沒錯，也未脫離現實，但是**認為消費者（或選民）被「俘虜」（captive）而「毫無退路」的推論，顯然是模型未能奏效的主要原因**。誠然，消費者或選民無法叛離到其他企業或政黨，也就難以對原企業或政黨施壓，要它們提升自己的表現。但正因為如此，毫無退路的人不像可以叛離的消費者或選民，他將會盡力想辦法發揮各種潛在的影響力，阻止企業或政黨繼續從事那些令他厭惡的活動。因此，哈泰林的集中趨勢之所以能被反駁或限制，並不是因為模型中的無彈性需求可以用彈性取代，而是因為體認到在線性市場端點的無彈性需求，可以**透過抗議**發揮具體的影響力。

70

---

[13]　請見：S. M. Lipset, *Revolution and Counter-Revolution: Change and Resistance in Social Structures* (New York: Basic Books, 1968), p. 398，也可以參考該書註釋 27 所引用的文獻。

　　如前所述，抗議可迫使企業或政黨放棄一些利潤或選票來降低怒氣。一旦把未來的銷售額或得票數必然存在的不確定性一併盤算在內，企業或政黨就很有可能妥協或接受交換。換句話說，由於選民對華而不實的施政方針或政策極為不滿，使得政黨身陷抗議之中；此時政黨通常很想對抗議讓步，因為抗議聲浪極為真實且相當緊迫，而花俏的施政方針到底能額外吸引多少好處，仍是個未知數。

　　第二章已經討論過使用抗議的一般條件。針對本章的討論，抗議的一般條件或許可以如此說明：要想使抗議發揮適當的作用，個人必須儲備政治影響力，才可以在受到刺激時派上用場。情形通常如此──或換言之，政治體系也有明顯的「鬆弛」──這一點已經獲得充分的承認。道爾也說過：「社區裡的公民幾乎每一個都能取得尚未使用的政治資源。」[14]

　　顯然，哈泰林過度關注集中趨勢可能帶來的社會損失。因政黨華而不實的立場而不開心的人，可以透過另一種運行在市場外頭的有力機制來影響政黨。另一方面，我們也不能保證抗議機制就一定能使政黨回到有問題的「社會最適點」

---

[14] *Who Governs?* (New Haven: Yale University Press, 1961), p. 309.

（social optimum），所謂的社會最適點與哈泰林模型中的定位問題相似，也就是政黨與黨員之間意識形態距離總和最小的那個點。無路可退的選民所發揮的影響力也許會使政黨超越那個點，並因這種吸引選票的目的招致災難性的結局。高華德成為共和黨一九六四年總統大選的候選人基本上就是一例。

高華德成為候選人推翻了哈泰林—唐恩斯理論模型的預測，這種理論假說與事實如此矛盾的情況極為罕見。然而，這件事並未讓人們立刻質疑哈泰林的理論。共和黨按照選票極大化採取的行動為何輸得一塌糊塗，三位政治學者在一篇探索性文章中尋找原因。[19] 他們將研究集中在右派，並指出這是一種行動主義者的策略，而根本不是所謂的中間路線者，藉此得出的結論與正確答案相去不遠。經過調查，這些寫給政府官員、報紙和雜誌社的信是一種激進的政治行動，且這種行動確實絕大多數是「無路可退」的右派共和黨員所為。但是，三位作者使用這些令人感興趣的資料，主要是為了說明共和黨及其提名人對於勝選機率的**錯誤認知**

72

---

[19]　P. E. Converse, A. R. Clausen, and W. E. Miller, "Election Myths and Reality: The 1964 Election," *American Political Science Review*, 59: 321-336 (June 1965).

（*misperceptions*），而不是為了得出下面這個更為基本的結論：在兩黨制之中，政黨未必會像哈泰林—唐恩斯模型所預期的那般採取選票極大化，所以「無路可退」的選民在選舉過程中並非充滿無力感，而是有著影響力。[16]

　　這些在兩黨制中無路可退的選民所發揮的力量，在一九六八年民主黨的敗選中以另一種形式展現。要調動冷漠選民以及贏得中間選民，主要取決於政黨能夠激發黨內活躍分子與義工多少熱情。由於活躍份子遠離中間路線，政黨太靠中間反而會抑制他們的熱誠。因此，若政黨採納的方針是以吸引中間派為目標，可能會適得其反：它無法提高競選獲勝的機率，反而會帶來傷害。這種「無路可退」者所擁有的抗議機制，實際上是「透過市場」發揮著作用：當收益逐漸遞減，不斷向中間靠攏，過了某個點之後收益就會由正轉負。這就像位居線性市場兩端的消費者向中間的消費者宣傳企業的產品；隨著企業愈來愈遠離端點上的消費者，他們推銷產

[16]　那篇論文的最後一段，作者事實上也提出相似結論：「極端保守派（ultra-conservative wing）撰寫信函背後之政治動機的激進程度，乃是促成共和黨大會黨代表與黨內的一般黨員和一貫的領導風格相去甚遠很重要的一部分。」但除了這段陳述之外，整篇論文強調的是政黨的錯誤認識，而不是強調那些期待政黨服從哈泰林—唐恩斯模型的人對形勢的誤判。

品的熱情很可能會下降。

　　在百家爭鳴的情況下，傳統分析方法可以輕易看見哈泰林—唐恩斯模型的局限性。前面已經提及，模式中另一個條件的情況也是如此：當敵對與憤怒情緒一觸即發，假想中被俘虜的成員會「靜觀其變」，或叛離黨派組建自己的運動，而絲毫不管可能徒勞無功。因此，端點上的成員也有了需求彈性，而不是完全沒有彈性，且這樣傳統概念就能對正在發生的事提供完整解釋。[17] 不過，我們現在可以對事情的關鍵說得更斬釘截鐵些。如果政黨向中間移得太多，站在端點的無力選民會想辦法讓政黨承受選票的流失；這種情況只不過是「無路可退」的選民總體影響力和權力的特殊表現形式。換言之，即使對政黨的選票（企業的獲利）不會有直接且具體的影響，但權力還是存在，其後帶來的影響也得承擔。顧

---

[17] 前面註釋 10 提到 Lerner、Singer 以及 Smithies 等人所寫的文章，唐恩斯順著他們的分析也提出了「政黨的影響類型」（influence type of party）或「敲詐的政黨」（blackmail parties）。參見：Anthony Downs, *Economic Theory of Democracy*, pp. 131-132。至於要不要放棄選票的問題，最近一項研究顯示，截至目前為止影響選民是否投票的主要因素是登記手續的簡單或繁瑣，而不是選民對個別候選人的承諾與疏離。請見：Stanley Kelley, Jr., R. E. Ayres. and W. G. Bowen, "Registration and Voting: Putting First Things First," *American Political Science Review*, 61:359-379 (June 1967)。

客、選民或黨員向企業或黨派宣洩不滿以及讓管理階層難受的方式**數之不盡**；不過，只有少數幾種方式（且未必是最重要的方式）能造成獲利與選票的實際流失，而不是僅僅讓管理者寢食難安。[18]

以上討論引發我們的進一步思考。前面指出，不同組織對抗議和叛離的敏銳度也不同，因此抗議與叛離的最佳組合在各個組織間也會有所差異。例如，國有企業因銷售流失造成資金短缺可以指望國家財政來救濟，因此在一定程度之前，對抗議（如消費者抗議、請高層撤換現任管理者等等）的反應要比叛離敏感得多。產品品質的變化促使消費者做出回應，有人認為品質惡化，有人認為改進了，不同的回應也因此帶來耐人尋味的結果。我們可以進一步假定，當品質向其中一方移動時，被激怒的消費者可能轉而購買其他企業的產品，原企業主要面臨的是叛離的威脅；若品質往反方向移動，則主要是讓被激怒卻受「俘虜」的消費者發出抗議。然後，我們就有可能預測企業或組織的「品質變動軌跡」（quality path）。假定因隨機性事件之故，企業的產品品質一直有些許變化。若企業傾向回應抗議，那受「俘虜」的消

---

[18] 參見附錄 A 最後一段。

費者所苦惱的品質走偏，就比較有可能改善。但是，如果品質走偏是讓不受俘虜、傾向叛離的消費者出走，那就往往很難改善。

　　隨著情境愈來愈貼近現實，政治運動也因此有了邁向激進化（radicalization）的理由。政治運動的日常政策（特別是在沒有權力時）考量的是那些當前活躍的成員，而不是滿門心思想著會不會失去全部黨員與選民的支持。因此，往中間靠攏會激怒那些受俘卻活躍的成員，這樣做引發的抵抗可能更甚於往激進處移動，即使後者可能造成不受俘的黨員與選民叛離。我們不難想像，選舉的間隔時間愈長，本模型所預測的政治運動就會在其間更強力地主張自己的激進立場。而到了要選舉時，我們也可以預期選舉考量將會限制那些受俘的黨員施展權力。但是，整件事會因為組織的**忠誠**現象而更加複雜。

75

7

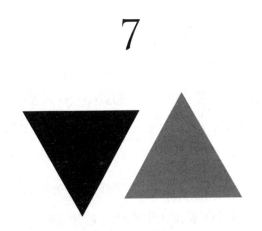

忠誠理論

A Theory of Loyalty

76　　　　前面幾章已經指出,叛離選項會大大降低抗議選項被廣泛且有效採用的可能性。叛離會抑制抗議,換言之,唯有將叛離完全排除,抗議才有可能在組織中發揮重要作用。許多組織都是靠兩種機制的其中一種掌控全局:一方面,市場上彼此競爭的企業主要是由叛離來維持表現,而非抗議;另一方面,在家庭、部落、教會和國家等人類的原始團體之中,儘管叛離不是完全不可能,但也通常是無法想像。個別成員對組織內部事務表達不滿的主要方式,一般就是讓自己的抗議聲被其他人聽見。[1]

　　　此外,另外一個現象也值得注意。一旦叛離不可能或無法想像,組織在特定情況下通常會驅逐成員或切斷其對外聯繫。所謂的驅逐,是組織中的「管理階層」限制成員尋求抗議所使用的各種工具之一;組織高層也可透過禁止驅逐來約

77　　束管理階層的權力,這和要求獨占者提供公共服務以保護消費者完全一樣。不過,當叛離之門敞開而抗議選項大致不存

---

[1] 我並不是說在「原始狀態」(primitivenesss)就不存在叛離。李區(Edmund Leach)已經指出所謂的原始部落根本就不是封閉社會。他的經典作品《緬甸高地的政治體系》(*Political Systems of Highland Burma*, 1954)仔細描述貢薩(*gumsha*)社會的成員每隔一段時間就會讓部落變成貢佬(*gumlao*)社會,之後又變回來。比起李區所研究的原始部落,進步的開放社會更有效地排除了叛離的可能性。

在時，例如競爭市場上企業與消費者之間的關係，驅逐成員或消費者也就顯得毫無意義，亦無須特別禁止。然而，如果要找比較特殊的，也就是叛離與抗議都扮演著重要角色的組織，其中一個方法就是尋找成員可以叛離也會被驅逐的團體。一般來說，政黨和自願性團體就是極佳的例子。

忠誠的功能：激起抗議

引入**忠誠**概念能幫助我們充分理解叛離和抗議共存的有利條件。忠誠顯然降低了叛離的可能性，但這是否等於讓抗議有更多的空間呢？

根據前面對抗議的討論，答案也許是肯定的。我們在第三章曾指出，當叛離選項也存在的情況下，人們是否準備訴諸抗議將取決於兩個主要因素：

一、顧客（或成員）有多高的意願，用叛離的確定性去換取產品品質能否改善的不確定性。

二、顧客（或成員）有多大的能力，可以影響企業或組織。

第一個因素顯然和人們對企業或組織的特殊情感（attachment）有關，也就是所謂的忠誠。因此假設第二個因素固定，每個人影響組織的能力相同，則抗議的可能性與人們對組織的忠誠程度呈正比。此外，兩個因素之間也不是完全無關。成員對產品或組織的依附程度愈高，就愈會想找方法發揮自己的影響力，尤其當企業或組織朝他所認定的錯誤方向發展時更是如此。反之，如果成員在組織中能夠（或是自認為能夠）發揮較大的權力，深信自己擁有讓組織「回到正軌」的能力，也就比較有可能對自己能發揮影響力的組織懷抱滿腔熱血。[2]

因此，忠誠會打消叛離而激起抗議的念頭，這是一條定則。當然，成員對組織內部感到不滿，也可以保持忠誠不為所動，但卻無法期待**有人**會採取行動，或是**有事**會發生而扭轉局面。那句忠誠的典範「我們的國家，對或錯」（our country, right or wrong）根本沒有任何意義——如果人們對此

---

[2] 從附錄 B 的圖 3 來看，假如一個人的影響力是 V_3 這個高點（亦即他能夠讓品質完全恢復的可能性），他也會願意放棄競爭產品的確定性，而追求舊產品恢復那微乎其微的希望。在此情況下，他會選擇抗議。但另一方面，自知對企業毫無影響力的人，就不大可能會心軟而留在原地。如果他傾向選擇抗議而不是叛離，一般來說絕對是把有沒有競爭產品的機率拿來和舊產品恢復的機率進行比較。

話的期待是「我們的」國家無論如何永遠只會做錯誤的事。
這個問題實際上隱含著期待，期待「我們的」國家做錯事之
後還能回到正軌，畢竟在這個短句之前是迪凱特（Stephen
Decatur）舉杯敬酒講的一段話：「我們的國家！在與其他
民族打交道的時候，也許永遠是對的（但是，我們的國家，
對或錯）。」迪凱特說話時用了「我們的」，事實上也很巧
妙地暗示人民有可能影響國家。話中流露出來的影響和期
望，期望過一段時間我們的國家將改邪歸正，徹底地將忠誠
從信念（faith）中區分出來。只要看看齊克果
（Kierkegaard）對亞伯拉罕（Abraham）決定犧牲以賽
（Isaac）的著名詮釋就會使我們明白，相較於純粹信念而來
的行動，忠誠者的行為才蘊含著大量的理性計算。

忠誠何時起作用？

　　我認為忠誠的重要性在於，它或多或少可以緩和最在意
品質的顧客或成員率先叛離的傾向。如第四章所指出，叛離
的傾向讓搖搖欲墜的企業或組織失去糾正錯誤和克服困境的
最佳助手。由於忠誠之故，這些最有潛在影響力的消費者或
成員堅持留下的時間會超出正常情況，因為他們希望（或理
性地期待）可以「從內部」改善或改革。因此，忠誠從來就

不是非理性的行為，而是有著很實在的社會目標，以避免績效退化的情況不斷累加；這也是叛離通行無阻時經常發生的情況。

就像前面的解釋，忠誠對叛離的阻礙有其高度上限，有如保護性的關稅壁壘。對幼稚產業實行關稅保護的常用藉口，是本地產業需要一個成長的機會；而對企業或組織來說，忠誠讓它們有機會從效率流失中恢復。從制度上阻止叛離的具體理由，是因為制度能在組織惡化但有望恢復時激起抗議，使組織不會因隨意的叛離而提前被破壞。離婚手續之所以如此複雜，費時、耗費金錢又消磨精神，最主要的原因似乎也是如此，儘管這並非刻意為之。同樣地，根據美國勞工法，若工會在工廠要取代另外一個工會成為唯一合法談判代表，處理程序也是相當繁瑣費時。如此一來，即使工人對現有工會的服務深感不滿，也無法輕易且快速地轉移到另外一個工會，而比較有可能努力振興自己所屬的工會。

在前面討論了叛離和抗議之間的其他選擇後，我們就能接著談談在怎樣的條件下，具體阻止叛離的制度性阻礙，或（在其欠缺的情況下）忠誠這種普遍且非正式的阻礙，才特別合適或能「發揮作用」。首先，事實已經證明在叛離與抗議之間做選擇時，後者經常不敵前者，原因不見得是叛離的

效果勝過抗議，而是因為抗議的效果主要是靠**發現新方法**來施展影響力與壓力，以促使表現回升。不論事後來看發現新方法有多麼「簡單」，但在事前（*ex ante*）估算時，發現新方法的機率卻可能被大大低估，因為創新的出現往往始料未及。忠誠能提高叛離的代價，藉以扭轉抗議與叛離之間的失衡關係。因此，忠誠能促使人們走向另類、需要創意的行動路線，由此人們一般來說願意妥協，而忠誠所發揮的作用彷彿是在低估未來任務的難度。我在其他場合也描述過，對困難的低估是如何扮演著一隻有助益的「隱藏之手」（Hiding Hand）。[3] 因此，每當抗議發揮作用需要大量的社會創新，而叛離是一種可採用但無法完全發揮作用的選項時，忠誠或是對抗議的具體制度性阻礙，就特別能夠發揮作用。

再者，忠誠的用處（usefulness）取決於手邊替代品的距離。當兩家競爭對手的產品價格和品質有段差距，且其中一家不斷惡化時，抗議在叛離扮演要角之前有較大的作用空間。因此，這種情況下根本就不需要忠誠；若組織間的可替

---

[3] *Development Projects Observed* (Washington: Brookings Institution, 1967), ch. 1.

代性很高，只要其中一家出現一點惡化，顧客或成員就會急著奔向另一邊，然而此時忠誠做為叛離的阻礙就顯得很有建設性。這項結論有點出人意外，說起來還有幾分弔詭，忠誠在它看起來最不理性的時候發揮的作用最大：此時忠誠代表著對組織的強烈連結，但似乎無法保證這種連結不會斷裂，因為很可能還有另一個組織可供選擇。比方說，我們經常可以在俱樂部、足球隊和政黨遇到這種看似非理性的忠誠行為。儘管第六章曾提到，兩黨制中的政黨比較不可能像某些時候預測的那樣相互趨近或模仿，但這種趨勢時而顯露。兩黨間的差距越小，頑固的政黨忠誠看起來就越發不理性與愚蠢，但這也正是忠誠最能派上用場的時候。但是，個人對國家的忠誠可能不是如此，因為國家通常被視為一種有明顯區別的產品（well-differentiated products）。只有當通訊進步及全面的現代化，致使國與國之間開始相互模仿時，才會產生草率而過度的叛離危險，眼前的「人才流失」就是一個例子。對我們而言，如此一來對忠誠的測量就非常有用了。此外，還有一些國家因歷史、語言、文化的傳承而非常相似；同樣地，地理孤立的國家更需要忠誠，我們前文（第五章）對拉丁美洲與日本的比較正是說明此事。

最後一點，第四章提過當品質更好、價格更高的產品在

「附近」隨手可得，會有失去具影響力的消費者的危險，這 82
點出另一個結論：對忠誠的需求是一種比較上的需求。如果
組織按照品質、聲望與其他想要追求的特徵之高低，依序排
在同一條尺度上，位於底部的組織會明顯比頂部的組織更需
要忠誠和凝聚的意識形態。有許多證據顯示，不論是美國社
會的「弱勢群體」之間，還是國際場合的第三世界國家，都
非常重視對忠誠的需求。下一章將會說明，那些最有聲望的
組織與團體，可能反而會因內部忠誠度的衰退而從中受益。

忠誠者的叛離威脅

　　忠誠是叛離與抗議交戰過程中的重要概念。一方面成員
將因為忠誠而多綁在組織中一段時間，比起沒有忠誠的成
員，他們需要更大的決心與自主能力才能採取抗議選項；另
一方面則因為忠誠本身還帶有不忠誠（disloyalty）、也就是
叛離的可能性。正如世間若沒惡就不會有善，如果一家公
司、一個政黨或組織的獨占難以撼動，那麼消費者或成員忠
心耿耿就毫無意義。說「忠誠延緩叛離」，恰恰暗示了叛離
的可能。即便是最忠誠的成員也可能叛離，這點通常會成為
他和組織談判時很重要的權力；如果抗議能得到**叛離威脅**的
支持，不論是公開威脅，或僅僅是獲得情境中各方當事人的

理解，那抗議做為一種恢復機制有效運作的可能性也就會大為提升。

如果沒有忠誠感，那除了搜集替代產品或組織相關資訊的成本之外，基本上叛離本身是毫無成本的。此外如前文所言，假如沒有忠誠，個別成員很可能會低估自己對組織的影響力，因此，叛離的決定與行動都會悄悄進行。叛離的威脅基本上都來自忠誠者，也就是那些關心組織的成員；當他們千方百計都改變不了現況後，才會放棄並痛苦地決定退出並跳槽。

叛離與抗議的關係愈來愈複雜了。前面的討論已經指出，當叛離越容易，採取抗議的可能性也就越低。不過，現在似乎是說叛離的可能性會強化抗議機制的**有效性**（*effectiveness*）。叛離會降低人們發展和實施抗議機制的意願，卻又可以提升有效抗議的能力。幸運的是，兩者之間的矛盾並非無法調和。總而言之，這兩個命題只是更詳細地說明在什麼條件下（a）抗議會獲得採用；（b）抗議有可能發揮作用：應該要有叛離的可能性，但也不應該讓它太容易或太具吸引力，以免成員在組織一惡化就馬上離去。

我們可以用政黨對黨員抗議的回應程度說明此一命題的修正。在極權體制下，獨大的政黨一直為人所詬病之處就是

對抗議充耳不聞——在多黨制下的政黨亦如是。一黨獨大的時候，抗議和叛離派不上用場，因此不管哪個領袖支配政黨，都能絕對控制黨機器。而在多黨制的情況，雖然叛離與抗議都可以隨意使用，但內部民主卻沒有太多發展的機會，又或者是因為有好幾個政黨，成員如果對現有的黨派不滿，就往往忍不住奔向另一個陣營，因此他們並不會爭取「從內部產生改變」。由此看來，米歇爾（Michels）所稱的寡頭鐵律（Iron Law of Oligarchy）可能極富寓意。根據米歇爾的說法，所有黨派（以及其他大型組織）毫無例外都是由自私自利的寡頭政體所統治，而這主要是建立在我們對西歐多黨制的第一手認知。如此說來，僅有幾個政黨、彼此之間距離遙遠但並非無法跨越，這樣的制度或許就是政黨回應黨員情緒最可行的安排。在這種情境下，叛離依然有可能，然而要下定決心叛離並不輕鬆。因此，抗議也就成為對事情發展不滿常見的回應方式，而成員也會努力使抗議發揮成效。現存的兩黨制之中，各政黨內部白熱化的競爭特性都證實了理論的預測，然而它們離真正的民主還遠得很。即便在非極權但接近一黨獨大的體制，例如印度的國民大會黨（The Congress Party of India）和墨西哥的革命制度黨 （Partido Revolucionario Institucional, PRI），抗議事實上也遠比多黨制

84

中的威權或寡頭式政黨還要常見。*

85　　　　在兩黨制中，叛離的形式有可能是政黨中某一成員或某一群黨員投向另一個政黨的懷抱，也有可能是籌組第三政黨。因此，若有同樣的機會可以選擇抗議，成員要組建新政黨就不會是件簡單的事——兩黨制的運行及傳統，以及第三政黨成立過程中的制度障礙，都會讓情況變成如此。另一方面，假如抗議機制能有效發揮作用，則叛離威脅就必然有說服力，尤其是當威脅牽一髮而動全身時更是如此。以美國總統大選為例，把抗議效果最大化的一組條件是指有一群黨員在全國黨代表大會召開確認提名之前都能留在黨內，而在提名底定至投票之間也都還可以組織新政黨。如果在黨代表大會召開**之前**，要這群對現有政黨不滿的黨員叛離並籌組新政

---

* 最近一篇文章也說明了類似觀點的重要性，請見：Michael Walzer, "Corporate Authority and Civil Disobedience," *Dissent*, (September-October, 1969), pp. 396-406。在西方民主社會，至高無上的政治權威要受到嚴格的民主制約，反之在同樣的民主國家之中，卻完全看不到法人的運作有類似的制約。如同 Walzer 所說，商業、產業、職業、教育和宗教組織缺乏抗議的聲音或聲音顯得有氣無力，經常是以「如果不喜歡儘管離開」這種論點而被合理化（p. 397），來說明各組織與國家的不同。但是 Walzer 卻強力主張，這樣的論點完全是一種拙劣的藉口，不該成為民主化的阻礙；不過從實證政治學的角度來看，我們還是應當注意，當叛離的機會越大，組織抵抗、迴避與拖延內部民主就越簡單，即使它們是在民主的環境中運行。

黨過於困難，那他們要不就是在大會召開前離開，要不就是默不吭聲逕自前往大會，而不會出現有效的叛離威脅。在此顯示，若叛離的條件過於苛刻，就無法強化抗議的效果，反之造成的是過早的叛離或是效果有限的抗議。畢克爾（Alexander Bickel）對此有詳細的說明：

> 美國典型的第三政黨……是由這麼一群人組成：他們曾試著在某一個大黨內發揮影響力，失敗之後便選擇在黨外活動。有些州資格認定的日期較早，往往迫使這群人搶在主要黨派初選還有其他預備提名活動開始前採取行動，並在大選之年提早成立獨立組織。如果不這麼做，他們將失去日後組建新黨的一切機會。[4]

作者又說，從兩黨制的角度來看，此舉可能會帶來反效果；而從政黨充分結合叛離與抗議、有效回應黨員不滿的角度來看，這樣做也是帶來反效果。

上述討論得出下面兩點：（1）制度設計的細節對維持

---

[4] Alexander M. Bickel, "Is Electoral Reform the Answer?" *Commentary* (December 1968), p. 51.

叛離與抗議之間的平衡十分重要；（2）兩者之間的平衡又
有助於說明組織內部的民主為何高低程度不一。

抵制

抵制有如叛離威脅，同樣是位於叛離與抗議之間的另一
種現象。藉由抵制，叛離不再只是一種威脅，它實際上已經
達到一種完美無缺（consummated）；但是採取抵制一途具
體而明確的目標，仍在於推動受抵制組織的政策變革，因此
抵制可謂是叛離與抗議兩種機制真正的混合體。此時，叛離
威脅做為一種抗議工具，已經被自己的另一面（重新加入的
承諾）所取代：所有人都明白，一旦造成抵制的情境被修
復，顧客或成員就會重返原來的企業或組織。

抵制往往是顧客手中的一項武器，至少在抵制期間內，
他們平常習慣從受抵制的企業或組織那所購買的產品或服務
並沒有其他來源可代替，但他們可以暫時忍受。這是一種顧
客無處可去的臨時性叛離，有點像罷工，可說是兩敗俱傷。
由此看來，抵制結合叛離與抗議的屬性：一方面造成企業或
組織的損失，另一方面又使顧客或成員付出時間和金錢成
本。

忠誠行為模型中的元素

我們可以建立一個正式的模型，來說明在忠誠的影響下，在兩個相互競爭的產品與組織之間做選擇，到底會發生什麼結果？為了回答這個問題，我們再度回到原來的假定，即消費者平常購買的產品或成員所屬的組織開始惡化。但這次我們將把焦點放在組織及其政策，而不是企業及其產品。我們必須用一些主觀的詞彙重新定義所謂的品質惡化：從成員的角度來看，品質的下降可以類比成對組織政策不滿的增加。

請看圖 1，橫軸測量組織的品質，由右到左表示從完全同意到完全不同意組織的政策；縱軸代表有效抗議的多寡，即對各種程度的不滿之回應。

87

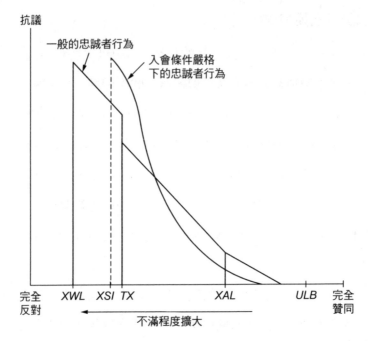

圖 1　對組織的不滿程度日漸提高下的忠誠者行為

從某個時點開始，當組織由右向左、往「錯」的方向走時，成員將試著施加影響力，改變或扭轉品質惡化的趨勢；隨著不滿程度的加深，成員也會加大影響的力道。當品質愈來愈令人不滿，會來到 *XAL*，此點代表在沒有忠誠的情況下就會出現叛離（eXit in the Absence of Loyalty）。在此忠誠是阻止行動者叛離的煞車。**忠誠**的成員並**不會叛離，但還是有了一些變化**：他們突然對自己還身在其中感到不開心，覺得

疑慮，或像德國共產黨黨員對黨的方針路線不滿而感到**胃痛**（*Bauchschmerzen*）。在這種情形下，忠誠者通常會更努力嘗試修正組織的路線，也會以各種不同形式擴大抗議聲浪來達到目的；因而，如圖 1 所示，抗議函數在此處形成了一個交叉點，之後就是一條更陡峭的線。隨著不滿程度進一步加深，成員將會想著要叛離，並以此做為威脅手段，也就是 *TX*（point of Threat to eXit，代表叛離威脅），如果這樣做可以一如預期地強化抗議的有效性。叛離威脅意味著抗議的聲浪不再持續增加，這是抗議函數在 *TX* 呈現垂直狀態的原因。最後，對組織的不滿來到 *XWL*（eXit With Loyalty，代表忠誠者的叛離），忠誠者決定在此分道揚鑣，紛紛叛離。*XAL* 到 *TX* 或是 *XAL* 到 *XWL* 的距離，代表忠誠抓住顧客或成員的力道。這兩段距離界定了兩種不同的忠誠。*XAL* 到 *TX* 的距離代表不曾想過叛離的忠誠──例如在一些基本組織裡，儘管成員對自身處境已極為不滿，但叛離選項仍完全被排除在外。*XAL* 到 *XWL* 的距離則代表一種更為廣泛的忠誠者行為概念。*TX* 到 *XWL* 的距離是代表在品質惡化的過程中，此時成員想過要叛離，又覺得應該以叛離做為威脅來改變組織的政策。在某些情形下，叛離威脅（即 *TX* 與 *XWL* 之間的距離）是一種特別有效的武器；在品質惡化的過程

89

中，有效抗議的總量跟 TX 到 XWL 這段距離的關係，可能
要比跟忠誠者行為的整個區間（即 XAL 與 XWL 之間的距
離）的關係還密切。

藉此模型的幫助，我們可以進一步思考忠誠者的行為。
假定某人已經叛離（從企業叛離一般表示會購買對手的產
品，從組織叛離則僅僅意味著從成員變成非成員），而他叛
離後產品品質或組織績效已經開始回復。現在要關心的問題
是：組織的「迷途知返」（road back）得返到什麼程度，消
費者或成員才願意回鍋？當組織績效回復到他離開的那個
XWL 點，消費者或成員似乎不會馬上回鍋。正是因為他在
XAL 與 XWL 之間掙扎，所以他**至少**會等產品或組織回復到
讓他之前開始感到疑慮的 XAL 點。他可能會要求比較高的
品質做為喘息的保障空間，以免剛有起色的品質再度滑落，
使他再度胃痛。在很多情形下，這整個惡化過程也許會給他
留下一道疤痕，讓他永遠都不想再回鍋。因此，叛離的點與
回鍋的點不大可能相同；若能測量兩者之間的差距，我們就
能找到另一種方式來測量人們對不同企業或組織的忠誠強
度。

如果將上述模型中的品質惡化和改善過程換成金融資產
的跌與漲，就會發現忠誠者的行為與那些天真、小額、零股

交易（odd-lot）的投資者非常類似；他們基本上都是逢低脫手避免進一步損失，然後在股票價位明顯超過他們賣掉的價格時再重新買進。然而，忠誠者並不一定像小額投資者那樣「吃鱉」；忠誠者對惡化產品或組織的堅守，理當是要換取產品或組織復原機率的增加。只有當產品或組織的復原未能出現時，忠誠者才會變得像是個吃鱉的人。但在此種情況下，忠誠者行為背後對復原的期望就已經落空。

經濟學家感興趣的觀察在於：這裡所勾勒的忠誠者行為，使傳統需求曲線在價格（或品質）與數量之間所建立的對應關係分成兩條不同的曲線。當忠誠支配的產品（loyalty-commanding product）先惡化後再改善，隨著品質的下降會出現這樣的一條需求曲線：剛開始的需求彈性較低，但隨著產品品質難以忍受，忠誠者紛紛叛離，需求彈性亦隨之升高。至於另外一條曲線，則是隨著產品品質的上升往左上方走；在品質上升的過程中，當品質落在低檔時需求彈性也低，隨著產品品質的確定改善，需求彈性最終才會升高。[5] 由於認知的慣性和延遲，需求絕對不會只是當前的函數，在

90

91

---

[5] 這項命題可以輕易畫成以下的圖。圖中的橫軸表示消費者購買的產品數量，縱軸表示產品品質（惡化）。

某種程度也會是過去的函數。企業或組織過去的表現會對顧客或成員現在的行為產生影響，而忠誠將大大強化此影響。

上述結論誘使我們帶入另一個概念——**無意識的**忠誠者行為（*unconscious* loyalist behavior）。叛離與回鍋時點的不吻合，非常類似心理學家所描述的情境。比方說，我們對受試者播放一系列的照片，先是貓的照片，然後慢慢變成狗的照片，過一會把順序換過來，從狗再慢慢變成貓，受試者的眼睛似乎會「忠於」他一開始所看的影像：順序是從貓到狗的時候，大部分的影像都會被打上「貓」，反之則是打上「狗」。[6] 因此，成員難以辨識出變化，是造成惡化期間出

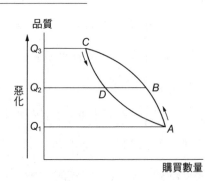

假定最初的產品品質為 Q_1，後來逐步惡化至 Q_3，後來又慢慢地回升到 Q_1。如此一來，ABC 這條曲線是品質惡化過程中的需求變化，而 CDA 曲線則是品質恢復過程中的需求變化。根據衰退與恢復週期來看，當產品品質為 Q_2 時其需求量分別為 Q_2B 或 Q_2D。

[6] K. R. L. Hall, "Perceiving and Naming a Series of Figures," *Quarterly*

現無意識忠誠者行為的原因，也使得成員在組織回復期間遲遲不肯進入或回鍋。[7] 既然無意識的忠誠者行為的定義是指成員不會感到不滿，它也就不會引發抗議。圖 1 的 *ULB*（Unconscious Loyal Behavior）是無意識的忠誠者行為的起點，因為站在局外人的角度，表現惡化至此，抗議或叛離都屬合理，而成員對眼前的惡化卻渾然不知。

　　這個模型將有助於我們思考各式各樣的忠誠者行為。

Journal of Experimental Psychology, 2:153-162 (1950)。另一項針對各種片段、零散的資訊如何合併、整合的實驗，也得到相似的結果。例如，有人向受試者朗讀一連串描述某人人格特徵的形容詞，受試者對此人的整體判斷完全取決形容詞唸出來的順序，受試者往往對先唸出來的詞留下深刻的印象。另外，一組形容詞的順序為「聰明、審慎、情緒化、個人中心」要比倒過來唸給受試者留下更好的印象。這種現象就是大家所知的「首因效應」（primary effects）。請參閱，Norman H. Anderson, "Primacy Effects in Personality Impression Formation," *Journal of Social Psychology*, 2:1-9 (June 1965)，以及該文的參考文獻。

[7] Robert Jervis, "Hypotheses on Misperception," *World Politics*, 20:439-453 (April 1968), and Albert O. Hirschman, "Underdevelopment, Obstacles to the Perception of Change, and Leadership," *Daedalus* (Summer 1968), pp. 925-936.

被嚴格的入會標準及嚴厲的叛離懲罰
所修正的忠誠者行為

截至目前為止，我們一直把忠誠視為一股受人歡呼的力量：它能拖慢叛離、強化抗議，並使企業或組織避開過度或過早的叛離。然而前面已經指出，在某些情境下忠誠並不是那麼地萬能。各種培育忠誠感的制度設計，顯然不是為了精心設計一套抗議與叛離的組合而建立的。如果該制度達到這樣的效果，都是無意間所促成──這是「人類行動的結果，而不是人類設計的結果」。[8]

社會科學家總是非常樂於挖掘這種潛在、非意圖性的和諧關係，然而這樣的挖掘也必須關注不和諧情形下的狀況。眼下出現非最佳化結果的機會可謂非常多。忠誠者有可能反應過大，使得「叛離─抗議」組合的叛離選項反而遭到忽略。其次，我們也必須理解，促進忠誠的制度與機制（device）根本無意犧牲叛離選項換取抗議，事實上這些制度與機制經常在打壓叛離時也一併**壓制**（repress）了抗議。

---

[8] 這段話是海耶克（F. A. Hayek）一篇文章的標題，請參考：*Studies in Philosophy, Politics, and Economics* (Chicago: University of Chicago Press, 1967)，而且他還往前追溯至福格森（Adam Ferguson）所寫的 *Essay on the History of Civil Society* (1767)。

儘管叛離或抗議帶來的反饋長期來看符合組織管理者的利益，但從短期來看，叛離與抗議無非是把管理者隔離開來，提高他們恣意而為的自由，使他們盡可能將成員的背離**或**抱怨拋諸腦後。因此，除了叛離與抗議的組合，我們難以指望管理階層能針對一切事情想出各式各樣的制度機制；而從整個社會的角度來說，或許這已經是一種理想狀態。

　　加入組織的費用高昂，對叛離的懲罰嚴厲，皆是製造或強化忠誠的主要工具，藉此才能抑制叛離或抗議，或同時打壓叛離與抗議。這些工具是如何影響上述忠誠行為的模型呢？我們從無意識的忠誠者行為切入這項主題。如上所述，這種忠誠行為並不能引發抗議，而且它和一切的忠誠行為類似，只能拖慢叛離之舉。因此，組織的管理階層如果希望成員不叛離不抗議，他們就會重視無意識的叛離行為。可以這麼說，這些組織將尋找各種機制，把有意識的忠誠者行為轉化為無意識的忠誠者行為。

　　事實上，這兩種行為之間的界線非常模糊，因為顧客或成員的**自我蒙蔽**（*self-deception*）夾帶著許多好處，也就是說，他們內心並不願意承認自己所屬的組織或購買的產品在不斷地惡化或是有瑕疵。如果顧客或成員投入各種心力在他購買的產品或成員身分，他們往往會壓制這樣的意識。因

93

此，加入成本較高或入會審查嚴格的組織的成員，不會願意立即承認有惡化的跡象，抗議也就跟著延後。出於同樣的原因，即便已經意識到惡化，組織成員也必定會因入會門檻較高，而努力證明自己為此支付的高昂入會費是正確的決定。因此，雖然抗議會因入會門檻較高而有所拖延，但在這樣的組織中一旦訴諸抗議，可能會比一般的忠誠者行為的情況**更為主動**。入會成本較高會改變抗議的時點，但卻不會降低抗議的總量。[9]

這項發現修正了認知失調理論（the theory of cognitive dissonance）。認知失調理論一般表示人們會改變他們的認知與信念，以符合自己一些難以與信念妥協的「矛盾」行動或行為。以上述理論來說，所謂的行動是入會條件嚴格，所謂的認知（在一個眾所周知的實驗中）則是成員入會前知道自己即將參加的組織活動必然都相當沉悶。該理論預測入會的條件越嚴格，成員們自我蒙蔽的心態就越嚴重；也就是說，組織那些沉悶的活動對成員將非常有吸引力，這一點已經獲得實驗證實。[10] 現在我們假定，成員們自我蒙蔽的心態

---

[9]　請見圖 1 的曲線。

[10]　參考：E. Aronson and J. Mills, "The Effects of Severity of Initiationon Liking for a Group," *Journal of Abnormal and Social Psychology*, 59:177-

不但有限制，更重要的是透過成員的積極進取（initiative），還可能讓組織活動**變得**更有趣。如此一來，上述試驗的靈光將帶來新的預測：以嚴格條件入會的組織成員將更為**積極進取**，而且在歷經最初入會的滿足感和消極等待後，他們會比組織裡的其他成員**更為活躍**。　因此，這種失調狀態不只能改變人們的信念、態度和認知；如果有其他方式（尤其只存在一種替代方式時）可以克服或降低失調狀態，它還能促成改變現實世界的種種**行動**。[11]

---

181 (1959)。針對 Aronson 與 Mills 實驗結果進一步的細緻化，還有相關批評意見的駁斥，請參考：H. B. Gerard and G. C. Mathewson, "The Effects of Severity of Initiation on Liking for a Group: A Replication," *Journal of Experimental Social Psychology*, 2:278-287 (July 1966)。附錄 E 將進一步介紹這些論文。

[11] 請見 Leon Festinger, H. W. Riecken, and Stanley Schachter, *When Prophecy Fails*, Minneapolis, University of Minnesota Press, 1956。儘管我提出的假定與這三位作者表面相似，但兩者間還是存在根本的區別。在這篇認知失調的經典文章中，作者研究明確的信仰不一致（disconfirmation of their belief）對信徒的影響。研究結果符合理論的預期，信徒果然要比過去更積極參與改變信仰的活動（proselyting activies）。但是，改變信仰的活動只能解讀為一種以「忘記」不一致及**蓋過認知失調來排除失調**的嘗試，而不是改變信仰的不一致來解決認知失調。Aronson-Mills 模型（團體活動沉悶的本質）以及 Festinger 等人探討**預言失敗**（預期發生的洪災毫無動靜）之後的情況都表明，認知失調是一種無法改變的永久事件。但在現實生活中，很多事件都是一再發生；它們會改變，也會「下次再來」。

史丹佛大學金巴多教授及同事將會用實驗檢驗這項假設。[12] 在實驗結果尚未出爐前，我們或許可以借助零散的歷史證據闡述這個問題。有一句著名且經得起檢驗的名言說：「革命如農神，吞噬其子。」（Revolution, like Saturn, devours its own children.）現在應該不難理解這句箴言的含義：在「發動革命」的時候，革命者已經付出很高的個人代價──冒險、犧牲，以及一心一意的承諾。一旦革命**成功**，對結果的期待與實際情況之間很有可能出現落差。為了消除這個差距，那些為了創造新世界而付出最高代價的人，會有最為強烈的動機要再造**新局**。在這個過程中，他們將挑戰那些曾一起革命而現在已然掌權的伙伴，某一方或是雙方的革命伙伴，都將在隨之而來的爭鬥中遭遇不幸。

我會在第八章以相同的原則闡述另一個美國的歷史案例。[13] 付出高額的入會費，未必代表成員對所付出的代價表示默許，反而有可能使抗議表現得更為堅定和坦率。當然，

[12] 附錄 E 將詳細說明該項研究的範圍與設計。

[13] 請參閱本書（原文頁碼）113-114 頁。我在其他作品中也以相同的說法論述過，有鑑於已經投入的費用，當計畫負責人獻身於計畫中，他會竭盡全力挽救計畫脫離困境。因此，困境來得越晚，對計畫來說似乎會更好，當然前提是困難必須可以順利解決。請參閱：Hirschman, *Development Projects Observed*, pp. 18-21。

還有一種可能是，一旦成員無法再對眼前的一切視若無睹，叛離可能會成為回應這種突然惡化時的唯一選項。因此，入會條件較高最終有可能激起叛離，也可能引發抗議。[14]「你若是能任意逃走，也一定能待在原地不動」，艾利克森的這句話用在這裡也是極為貼切。這段話在前面論及重視品質的消費者可能採取的行為時曾一度引用（第四章）。老調重彈絕非巧合──嚴格的入會規定顯然將使成員更重視品質。

當組織能向成員索取**高額的叛離代價**（也就是除了沒收入會費，還必須支付叛離費用）時，忠誠者行為模型還會出現另一種扭曲。這樣的叛離代價輕則終身不得再度入會，重則賠上性命，而中等程度的懲罰則包括趕出組織、惡意誹謗、剝奪生計等等。有能力對叛離行為施以嚴厲懲罰的組織，都是最傳統的人類群體，像是家庭、部落、宗教社群以及民族等等；其中也有一些現代發明的組織，例如幫派與極權政黨等等。[15] 假如組織有能力索取高額的叛離代價，也就能取得一股很強的防禦力量，用以對抗成員最有力的武器：

---

[14] 從圖 1 來看，叛離的出現是因為 *XSI*（e*X*it of members having received Severe Initiation，入會條件嚴格的叛離）的位置在 *XWL* 之前。

[15] 脫離共產黨有多恐怖，請參考：Gabrief A. Almond, *The Appeals of Communism*, Princeton, 1954, ch. 12。

叛離威脅。毫無疑問，如果叛離行動將招致嚴厲的制裁，叛
離的念頭絕對會被抑制；而且，由於擔心連威脅都會跟實際
行動一樣受制裁，所以沒人敢發出威脅的聲音。從圖 1 的模
型來看，TX 會向左移動，而且有可能完全消失，也就是說
TX 會與 XWL（忠誠感存在時的叛離點）重合。當然，TX
也有可能自行向左移動，因為入會條件較高的主要目的之一
就是為了斷絕叛離的念頭。至於那些能操控成員強烈自主的
忠誠、又不願意或無法對叛離施以嚴懲的組織，成員在持續
惡化下的行為主要會變成是忽略叛離威脅，而不是拖延叛離
時點。

　　組織裡有高額的叛離代價，對抗議又有何影響？我在此
提出一些看法，嘗試區分叛離成本高但入會成本為零（例如
家庭和民族，人一出生便加入），以及叛離成本高但入會成
本也高的這兩種組織。前面已經指出，後面這種組織感到不
滿以及提出抗議的時點都會延遲。另一方面，由於叛離成本
高昂，使得叛離威脅不再是一種有效的抗議手段，因而此類
組織（如幫派、極權政黨）既能打壓叛離也能阻止抗議。在
此過程中，基本上兩種選項都不再是恢復機制。[16]

___

[16] 此一命題的特殊案例是由 David Apter 提出，從掌權者的資訊流動

　　但是，諸如家庭、民族等叛離成本高而入會成本為零的人類傳統群體，情形就大不相同。由於這些群體中的人一出生就完全「屬於」群體的一份子，或許就因而助長了抗議，來彌補基本上不可能採取叛離威脅的情況。在叛離代價過高或根本是「天方夜譚」（unthinkability）的情況，不僅無法抑制抗議，反而會激發抗議的聲浪。或許正是如此，傳統群體雖然只壓制叛離，但事實卻證明它們遠比那些同時抑制叛離與入會的組織更有生命力。

忠誠與難以從「公共財／公害」中叛離

　　儘管成員不贊同所屬組織，卻還是遲遲不肯叛離，這即是忠誠者行為的一項標誌。一旦忠誠存在，叛離就會突然變了一個樣：重視品質的消費者或成員轉買比較好的東西這原本備受讚賞的理性之舉，現在卻被看成是背叛、脫逃，或是叛國的可恥行為。

　　我們可以從懲罰叛離（penalty for exit）這個普遍性概

來看，一個社會越高壓將付出一定的代價。參考：David Apter, *Politics of Modernization* (Chicago: University of Chicago Press, 1965), p. 40。

念，來理解截至目前為止所討論的忠誠者行為。對叛離的懲罰可能是直接施加，但在多數情況下都被內化了。即使團體並不會對叛離做具體的制裁，但個別成員都會認為叛離要付出很高的代價。因此，在這兩種情況下，面對較佳的選擇卻依然決定留在組織中不走，似乎是著眼個人未來利益與成本之間而得到的完美理性平衡點。但是，這樣的忠誠者行為動機也許比較跳脫傳統認知。在判斷離開組織的時機是否成熟時，成員（**特別是那些具有較大影響力的成員**）很可能是**擔心離開將造成組織的每況愈下**，而不是因叛離而要承受的道德和物質損失。

99 　　這類行為與第四章所說的正好相反。該章已經指出，最有影響力的成員在某些條件下可能會率先叛離。本章的結論之所以完全相反，是因為我們導入一個全新且有點奇怪的假定：**即使成員已經叛離**，他們仍持續關注組織的活動和「產出」（output）。但大多數的消費者與產品以及許多成員與組織之間的關係，情況都不是如此。如果我對自己習慣買的肥皂感到不滿，考慮換另外一個牌子，我並不會預期這樣做會造成原來那個品牌的肥皂品質惡化；即使我會這樣想，我

不買之後也應該不會在意這件事了。[17] 這個反證有助於我們勾畫出這個具體的忠誠者行為賴以成立的兩個條件：

首先，成員叛離將使組織產出的品質進一步惡化；其次，**不論成員離開還是留下來**，都會在意組織績效的惡化。

第一個條件是說，產品品質會因購買人數及購買數量而有所變化。有些消費者離去會造成品質下降，而品質下降又進一步減少留下來的成員的需求量，如此惡性循環下去——即典型的非穩定均衡（unstable equilibrium），以及瑞典經濟學家米爾達（Myrdal）所說的累加型數列（cumulative sequence）。這時的消費者或成員是品質的制定者，而不像在完全競爭狀況時那般，是品質的接受者。當然，這種消費者意識到自己是價格制定者而非接受者的情境，可以從獨占和獨占式競爭理論中找到類似敘述。衝擊經濟學家的詭異之處是此種關係的**方向**：在常見的價格制定情境下，買家離開（需求曲線向右下方傾斜）會使產品價格下降，或相對應使品質獲得**改進**，原因是供給曲線應該會因消費者叛離而上升。但在本章的案例中，情形卻完全相反，制定品質的「買

100

---

[17]　事實上，如果我得知那家曾讓我失望且已經斷絕往來的公司遭遇困難，我可能反而會產生一絲幸災樂禍的感覺。

家」離去，導致品質下降。原因在於此時的「買家」實際上也是組織的成員，既是供給方也是需求方，既生產組織的產出，也消費組織的產出。因此，如果這些對組織最具影響力的成員，對產品的品質也比其他成員更為敏感（這是很可能的），那麼產品品質即使只有一丁點下降，也將引發他們的叛離，並使品質更惡化造成更多叛離，形成惡性循環。

如此一來，由於忠誠者行為的干預，尤其是成員意識到叛離的可能後果而畏畏縮縮，也就再次避免了不穩定的狀態。換言之，如果成員意識到叛離的威脅，不穩定的狀態就能夠避免。但是，一個實際的問題是成員為什麼得在意自己的叛離是否影響組織的品質，而組織未來可能的下滑會讓他不願叛離。對此行為的合理解釋是組織的產出或品質**仍然影響著叛離後的成員**。也就是說，**完全的叛離是不可能的**。在某種意義上，儘管消費者已決定不再購買某項產品，但他仍然是該產品的消費者；儘管已經叛離該組織，但他仍然是該組織的成員。

我們可以再透過公立學校和私立學校之間的競爭，來說明這種重要的情境。家長打算把小孩從公立學校轉到私立學校，也許會進一步造成公共教育品質惡化。如果家長意識到此一可能的後果，最終也許就不會轉學——無論是出於整體

福利的考量，或是出於對個人成本效益的估算結果：家長與 101
子女的生活將受到社區的公共教育品質所影響，如果公共教
育品質下降，子女得轉到私立學校才能取得較好的教育；其
間要付出的成本可能會太大，而打消他們轉學的念頭。

　　經濟學家對於私有財和公共財（或集體財）的區分可以
直接對上前面的討論。**公共財**是指社區、國家或某一地域的
成員共同消費的物品，而成員對公共財的消費或使用不會減
損其他成員的消費或使用。典型的例子包括預防犯罪、國防
及其他公共政策所帶來的成就，如卓越的國際聲望、進步的
識字率與公共衛生等等。這些公共財的特色是**人人都可**消
費，而且只要身在其中就**無法不**消費，除非離開提供公共財
的社群。因此，談論公共財之餘也會提到公害（public evils）。
公害除了被普遍認為是不好的公共財，也同時來自以下的事
實：有些人眼中的公共財，例如大量提供警犬與原子彈，在
同一個社群的其他人眼中可能覺得是公害。想把公共財想成
公害並不難，舉例來說，當一個國家外交和軍事政策的「產
出」從享有國際聲望變成惡名昭彰就是。從本書惡化帶來抗
議和叛離的角度來看，公共財有可能轉化為公害這一點，就
特別引人深思。

　　公共財的概念使我們能輕易理解，有些情況下根本沒辦

102　法真的叛離一個物品或組織，所以在決定要局部叛離（這比較有可能）時，就必須把叛離可能造成產品進一步的惡化納入考慮。事實上比較難以掌握的是，一旦引入公共財的概念，要如何才能有部分叛離的行為。

當然，一個人可以把子女轉到私立學校，讓他們「脫離」公共教育，但他個人及子女的生活會受到公共教育品質的影響，從這一點來看他並**無法**脫離。這種人們可以買或無法買的表面私有財有很多，但它們都有「公共財的一面」（經濟學家通常稱為外部性〔externalities〕），因此生產及消費這一類物品會影響、提升或降低社群裡每一位成員的生活。雖然這對許多市面上的商品與服務可能不是很常見或很重要的現象，但就組織與成員的關係來說，卻是一個極為重要的特質。如果我不同意一個組織（如政黨），我可以退黨；但在一般情形下，我依然必須活在那個政黨所運行的社會之中。如果我參與了一項外交政策的制定過程，而我反對該項政策，那我可以辭官，但還是得不甘願地當這個國家的公民，眼睜睜看著它落實為逐漸釀成災難的外交政策。在這兩個例子中，政黨和外交政策都是公共財，個人既是公共財的生產者也是消費者；他可以不再擔任生產者，卻無法擺脫消費者的身分。

　　因此，我們有可能把一種嶄新的忠誠者行為的形式合理化。從常識與需求理論來看，叛離傾向（propensity to exit）截至目前為止愈來愈像是表達對產品品質與政黨路線不滿的一項工具。我們現在可以證明，兩個變數間的關係有可能固定，甚至也有可能完全翻轉過來。以公共財為例，在品質惡化的過程中，成員隨時會兩相比較保有成員身分所帶來的負面效應（disutility）、不適及恥辱，以及不再是成員對他（潛在非成員）和對整個社會（因他離開而加速惡化）的傷害。對這種假設性傷害的避免，已然成為忠誠者行為帶來的好處；且若這樣的好處會隨著維持成員身分的代價而提高，那叛離的動機就**未必會**跟著惡化而越發強烈，雖然我們的成員無疑會越發不開心。當成員預期組織所帶來的公害將不斷增加，或是達到令人難以容忍的程度，那成員的不悅就會達到極限，並出現矛盾的忠誠者行為；接下來，一如我們前面提出的論據，當叛離變得越來越難以決定，成員留在組織中走不開的時間也就越來越長。自己必須留下以免情況越來越差的信念，會一直不斷地強化。

　　一般來說，這樣的推理是一種「事後」（ex-post or ex-nunc）的機會主義式論證。但我們還是不得不承認，當一個組織能真正地依照最終比例來分配公害（這也是現今世界上

103

較有權勢的國家運行的獨有特徵），這種「越糟我越走不開」的忠誠者行為，就能發揮至關重要的效果。這些國家所走的路越是頑固、危險，我們就越需要在那些開明的決策者之間拿著**一把測量骨氣的量尺**（*a measure of spinelessness*），才能看出哪些人在潛在的大危機爆發時還會「留下來」發揮影響力。稍後將論證在這些情況下，我們的困擾可能是沒骨氣的人太多，而不是缺少沒骨氣的人。但有一點值得注意：世界權力中心強加於我們每個人身上的公害大小，一方面有強化骨氣（無法叛離）的「功能性」（functionality）或社會實用性，另一方面也能使沒骨氣的人在關鍵時刻變得硬起來（抗議）。

　　生產公共財和公害的組織與企業，打造出一種讓忠誠者行為（也就是儘管對組織不滿與質疑，但仍遲遲不肯離去）益發蓬勃的環境，並讓忠誠者行為產生幾個特徵。第一，我們前面討論過「我們的國家，對或錯」這個問題，現在似乎變成了「錯了還是自己人」這種執迷不悟的說法。此外，即使叛離確實發生了，但其本質與我們到目前為止所討論的叛離也完全不同。以叛離組織生產的私有財為例，當叛離之後，也就終止了顧客跟產品以及成員與組織間的關係。誠然，叛離給管理層發出「事情不太對勁」的訊號，並刺激了

品質的恢復，但是這般效果絕非叛離的顧客（成員）有意為之——他只是**完全不想在乎了**。另一方面，在公共財的例子裡，由於無法完全逃離，所以得繼續**在乎**組織的情況。儘管已經叛離，但他仍然是公共財的消費者，至少他無法擺脫公共財的外部效應。在躲不掉的情況下，消費者或成員**本身**將致力於讓自己的叛離能促使舊有產品或組織的改善——而根據他的判斷，假如無法徹底改變組織運作方式，根本就不可能有什麼改善。如此，叛離代表了在抗議狀態下的離去，而且一般是從外部指責與對抗組織，不再是從組織內部尋求改變。換言之，成員不是在抗議或叛離之間做選擇，而是在從外部還是從內部抗議之間做選擇。於是，叛離與否取決於另一個全新的問題：（除了改變心態讓自己好過一點）成員在哪一個時點會覺得從外部對抗錯誤政策，比繼續從內部嘗試改變政策還更有效？

105

當顧客或成員從公共財中叛離，卻表現得**有如**從私有財中叛離時，迄今為止的討論顯示了，「真正的」（proper）從公共財中叛離以及（從私有財中）叛離，兩者之間有著重要的區別。在一個由私有財及各種回應私有財的行為所主導的社會（例如美國），會混淆兩者或許並不意外。我們不難想到最近的一些例子。不同意公共政策的高官在掛冠求去時

不會口出惡言，而會說辭職的決定純屬私人因素；人們另謀高就時也是如此，「一切都是為了家人」。同樣地，年輕男女如果不喜歡美國社會、價值，還有政府的所作所為，就會「選擇離開」（opting out），彷彿不需要先改變現有的一切，就能讓自己穩穩地擁有一套更好的價值與政策。**要是**至少能有一名官員不同意美國的越戰政策而「拋棄」詹森政府，並公然對抗官方；**要是**一九六八年總統大選時參議員尤金・麥卡錫（Eugene McCarthy）的競選能讓許多美國年輕人挺身而出，而非只是「推託」（copping out）；若真能出現這些不同選項，我們就能夠測知肇因於混淆兩種不同叛離而招致的惡果——只不過，事實都不是如此。

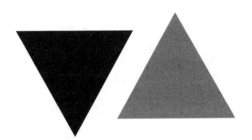

8

美國意識形態和實踐中的叛離與抗議

Exit and Voice in American Ideology and Practice

　　這一章主要討論叛離與抗議，其與美國意識形態、傳統及實踐之間的關係，我遲至最後才討論這個特別但還能掌握的主題，還不算太急吧。

　　我的主要觀點，也是困惑，可以簡述如下：在美國的傳統中，叛離一直被賦予一種獨有的特權之姿；但突然間，受到幾個關鍵事件的影響，不論是好是壞，叛離被完全摒除在外。

　　美國此時的存在與成長，仰賴的是數百萬次就叛離而捨抗議的決定。哈茲（Louis Hartz）曾滔滔不絕地講述「美國經驗的最終本質」：

> 十七世紀從歐洲逃往美洲的歐洲人，對於歐洲的生活壓迫深有體會。然而他們是想法有點不同的革命者，他們的逃亡是至關重要的：留在舊大陸對抗「教規和封建法」是一回事，而遠遠逃離卻是另一回事；試著在舊大陸建立自由主義是一回事，而在新大陸打造自由主義又是另一回事。以艾略特（T. S. Eliot）的話說，革命代表著先殺人後創造，而美國的經驗卻很詭異的只有創造。摧毀森林和印第安人的部落看似威武、血腥而充滿傳奇色彩，但和摧

毀原本身在其中的社會秩序無法相提並論。第一次
的經驗完全來自外部，也是因為發生在外部才得以
完成；第二次的經驗既是內部的鬥爭，也是外部的
鬥爭，就像佛洛伊德式的弒父情結，且在某種意義
上會無止境地進行下去。[1]

叛離乾淨俐落，抗議則顯得混亂甚至令人心碎，所以在
「美國的歷史長河中」，人們一直偏好叛離。[2] 當初叛離歐
洲的舉動在美國內部重新上演，人們前仆後繼地開拓邊疆，
特納（Frederic Jackson Turner）說這是「逃避過去奴役的大
門」。[3] 儘管對美國東部地區大部分的人來說，「到西部

107

---

[1]　Louis Hartz, *The Liberal Tradition in America* (New York: Harcourt, Brace & World, 1955), pp. 64-65.

[2]　Louis Hartz, *The Liberal Tradition*, p.65 n. 請注意他在同一個註釋中的這段話：「在某種意義上，美國人的逃離是歐洲社會革命經驗的一種替代。」

[3]　這段話來自他一八九三年所寫的著名論文中的最後一段，文章篇名為 "The Significance of the Frontier in American History," 後收錄於 Frederic Jackson Turner, *The Frontier in American History* (New York, Henry Holt, 1920), p. 38。有趣的是，特納在之後的一篇文章中點出，隨著拓荒已然結束，如果美國的民主想要保持活力，就必須透過一種近似「抗議」的政治過程來取代拓荒的地位。「眼下要做的工作是調整過去的理想適應新的條件，並且一步步轉由政府來保存

去」的機會比較像是神話而不是現實，[4] 不過神話本身非常
重要，因為它讓每個人有了解決問題的典範。即使西部拓荒
結束，但由於國土遼闊加上交通便利，使得美國人與大多數
民族相比，往往更傾向以「逃離」（physical flight）來解決
問題，而不是隱忍或留在原本的位置（in situ）改善並抵抗
自己所「陷入」的情境。自托克維爾（Tocqueville）以來的
觀察家們眼中，美國人古怪的因循從眾之風（conformism），
或許也可以從這個角度來理解。萬一情況變得很糟，只要你
隨時可以抽身就好了，為何要提高抗議聲浪，讓自己陷入麻
煩之中呢？

　　請注意，這些「逃離」本質上都是真正的叛離，而且是
從私有財而非公共財中的叛離：不論他們的離開對社會有何

其傳統的民主。隨著選舉的進行，我們並不意外社會主義展現了令
人矚目的成果；政黨在新的路線上形成，初選的需求日益高漲，民
眾直選參議員，創制、公投與罷免蔚然成風。而那些一度是民主先
驅的地區，也展現了這種前所未見的趨勢。隨著免費的土地一片片
消失，這些都是為了尋找替代品取代過去捍衛民主的措施而取得的
成果。當西部邊疆消失之後，這些現象就應運而生。」

[4]　請參考：F. A. Shannon, "A Post-Mortem on the Labor Safety-Valve
Theory," *Agricultural History*, 19:31-37 (January 1945), reprinted in
George R. Taylor, ed., *The Turner Thesis* (Boston: D. C. Heath & Co.,
1949)。

影響，一切的衍生效應都是始料未及的結果。離開原本社群的人從未想過改善社群，或是從社群外部抗爭；他們是移民者，不是流亡者（émigrés），一離開社群就「不想在乎」原社群的命運。由此審視，當前某些群體（如嬉皮）的「推託」風潮，就極具美國傳統精神：同樣地，對身邊社會秩序的不滿並未造成他們抵抗，而是促使他們逃避、退出令他們不滿的團體，並建立一個與世隔絕的「情境」。或許，這些群體給人一種非美國人的感覺並不是因為他們的離開之舉，而是他們身上流露出一種**明顯的**「他者之姿」（*demonstative otherness*），並嘗試影響他們所拒斥的整個社會。他們大張旗鼓的叛離，帶著一種藐視他人的**離經叛道**之舉，事實上更像是抗議，而不是像個清教徒、移民與拓荒者。

　　傳統美國對成功的觀念確認了叛離在國民心中的想像。成功，或是可以稱做成功的向上流動，長期以來一直被認為是一種不斷演化的個人主義（evolutionary individualism）。[5]由下往上爬的成功人士，隨著地位的提升，勢必要離開自己原本所屬的群體——他「跨入」下一個社會層級，或是被該

109

---

[5]　Richard Hofstadter, *Social Darwinism in American Thought* (Philadelphia: University of Pennsylvania Press, 1945).

層級所「接納」。他會帶著近親往上爬，但不是所有人都能
跟著。成功意味著——往往也被神化為（consecrated）——
脫離他所成長的貧民圈，跨進上層社會。他成功之後可能會
做一些資助窮人的善舉，或是救助曾經是其中一份子的群體
及社區。然而，如果說有一整個人種或信仰上的少數族群取
得更高的社會地位，那基本上也是許許多多個人且獨立的成
功故事與流動集結的結果，而不是整個群體合作的果實。

美國黑人權力運動（black power movement）之所以新
奇，在於它否定了美國社會傳統的向上流動模式——這種流
動模式在我們美國社會最受壓抑的群體眼中，根本就宛如天
方夜譚。顯然，這場運動一方面是嘲諷那些雀屏中選的黑人
得以單槍匹馬打進白人社會，另一方面也是強力的承諾，包
括對黑人做為一個群體的「集體激勵」，以及改善黑人貧民
窟成為宜居之地。有個發言人說：

> 打破種族藩籬，尤其是以現在這種「象徵」方式來
> 做，……可以拉拔群體中的個人；但弔詭的是，這
> 雖然能挑出群體中最棒的成員，卻無法改變整個群

體的命運，實際上還削弱了群體的凝聚力。[6]

這種說法與前面提到奈及利亞鐵路和公立學校等例子有驚人的相似性。在這些例子中，叛離難以發揮作用；而那些最在意品質的顧客或最有影響力的成員叛離之後，抗議的音量也嚴重削弱。

由以上長期受歧視的少數族群個案中，我們可以得出進一步的論點：叛離注定難以令人滿意，也無法成功，即便從叛離者本身的角度來看也是如此。道理非常類似，但是，如果能從安地斯印第安人的角度，而不是美國已經「過時」的猶太人或黑人角度來看這個問題，或許會更讓人感興趣：

> 一個安地斯人正常的改變方式，是離開出生的高原
> 社群當個麥士蒂索混血兒（mestizo），否定自己的
> 印第安人出身，然後背上各種混血兒的地位印記。

---

[6] 原文出自 Nathan Hare，引自 John H. Bunzel, "Black Studies at San Francisco State," *The Public Interest*, no. 13 (Fall 1968), p. 30。有學者認為目前實施的種族融合（integration）實際上是剝奪黑人社群的「領導潛力」，請參考 Stokely Carmichael and Charles V. Hamilton, *Black Power* (New York: Vintage Books, 1967)，p. 53。

但是，經此途徑變成混血兒的人會發現，他在那個
自己永遠達不到的上層階級所支配的世界裡，只是
個讓人瞧不起的雜種（cholo）。[7]

　　作者接下來把這種令人不滿的個人向上流動，拿來與玻
利維亞革命所帶動的群體流動過程相比較：

　　另一方面，在過去玻利維亞的印第安人社群中，群
體本身是調控族人採取混血兒體貌特徵的媒介
（agency）。群體中的每個人都以相同的速度來轉
化，幾乎沒有哪一個更突出，或比其他人有更濃的
混血兒特徵。族人並無離開原社群的強烈動機，也
不會清楚反抗印第安人的行為模式。但是，身為群
體的一份子，每個人都正在經歷或參與一場真正的
文化變遷……人們不必急於取得身分象徵，因為這
就像是一個還不會講西班牙語的人卻打了領帶，會
有一種強烈的荒謬感。[8]

---

[7]　Richard Patch, "Bolivia: The Restrained Revolution," *The Annual of the
American Academy of Political and Social Sciences*, 334 :130 (1961).

[8]　*Ibid.*

在一些國家內部特別落後的地區，如義大利南部以及巴西東北部，長期以來那些社群代言人向上層社會流動的一個顯著特點，同樣是傾向「集體突進」（collective thrust），而非「逃離」或「種族熔爐」。為了趕上國內其他地區的發展，這些代言人通常覺得移民不是很重要的事，因為移民並無法提升落後地區的社會地位，而只是讓本地最好的人才很不幸的「外流」。

　　比起僵化的分隔，底層少數菁英的向上流動會使上層社會對底層的統治更加穩固；只要想像一個社會按部就班地**籠絡**底層有前途的年輕人到上層，這一點就會更加明顯。日本在德川幕府時期曾實行過此類籠絡政策，結果真的出現了「兩百年的和平穩定」。[9]

　　如要促成弱勢或受壓迫群體的向上流動，很可能需要結

111

---

[9]　R. P. Dore, "Talent and the Social Order in Tokugawa Japan," in John W. Hall and Marius E. Jansen, eds., *Studies m the Institutional History of Early Modern Japan* (Princeton: Princeton University Press, 1968), pp. 349, 354。Michael Young 的想像將此過程又往前推進一大步。在他的反烏托邦社會中，由於個人的流動，使得上層與底層之間的分隔逐漸擴大，因此「販賣嬰兒的黑市有了混亂的成長，有錢人家的笨嬰兒被送走，有時還要附帶高貴的嫁妝，以交換底層人家聰明伶俐的嬰兒」。參見：Michael Young, *The Rise of Meritocracy* (1958, Penguin Books, 1968 edition), p. 184。

合個人向上與群體向上的過程，也就是融合叛離與抗議兩項策略。在一些過渡時期，群體向上的過程將扮演要角，而當社會的分歧愈拉愈長，宗教、族群、膚色等障礙進一步強化經濟不公平的現象時，也會特別需要群體向上的過程。事實上在美國，現實與意識形態之間通常有所差異：眾所皆知，少數族群的影響力和社會地位之所以提升，除了是眾多個人成功故事累積之下的效果，也是因為他們組成利益團體，在一些從屬政治單位成為多數，並在國家政治扮演舉足輕重的角色所致。＊不過，由於黑人權力教條公開鼓吹群體向上的過程，因而象徵了一種全新的向上流動路徑：它摒棄、譴責了美國社會的最高價值——成功是從自身團體中叛離——因而造成很大的震撼效應。

　　除了這種最近才出現的不同聲音，叛離的意識形態在美國一直非常強大。美國靠著叛離立國與繁榮，所以叛離是一種不可動搖且有益的社會機制，這樣的信念不曾受到質疑。這或許也說明美國社會何以如此堅信兩黨制與競爭型企業的優點。以後者為例，美國人**並不相信**經濟學家的觀點，不認

＊　針對這點有力且詳盡的評論，請參考：Christopher Lasch, *The Agony of the American Left* (New York: Alfred A. Knopf, 1969), pp. 134-141。

為市場由兩、三家大廠所主宰就會大幅偏離理想的競爭模式；只要人們能把自己對 A 公司產品的忠誠轉移到競爭對手 B 的產品上，這個國家鍾愛叛離的基本象徵意義就能被滿足。

　　然而，就像愛也能瞬間轉為恨，美國人民對叛離的迷戀，在一些關鍵領域上也可能轉為全面的封殺。基本上，叛離之所以走向對立面，其本身要負一定的責任。當移民要離開自己的國家時都是痛下決心，也得為滿足各種親情連帶付出很高的代價。人生地不熟，還得適應新環境，這些都要付出額外的成本。最終就是在心理上，更得強迫自己去喜歡這個為它付出很多代價的地方。回首過往，「故國」似乎比過去還令人厭惡，而新的國家總會成為最偉大的「人類最後的希望」；凡是最棒的都在這，在這兒一定要幸福快樂。可能就是因為這種必須幸福快樂的集體壓迫感，讓「幸福」這個字眼所代表的意義，逐漸不若「幸福」在其他語言中來得強烈。兩位德國移民多年後在紐約街頭重逢的故事，充分說明了這一點。其中一個人問：「怎麼樣，在這裡還幸福嗎？」另一人回答：「我很幸福！**除了幸福，我什麼都沒有！**

113

（aber glücklich bin ich nicht）」[10]

　　正如中央銀行是最後一個可借錢的地方，美國也一直是「最後一個可去的國家」。大多數美國公民都認為（祖先是奴隸的人除外），叛離這個國家簡直是件完全無法想像的事。

　　然而，假定事情的發展不盡人意，接下來呢？前面指出入會成本高昂對於忠誠的影響，所以人們遲遲不肯承認自己的憂慮，也許是預料中的事。這正是被迫感到幸福快樂的階段。但是，當憂慮再也難以抑制的時候，就會發生變化。接下來有可能出現幾種反應：

　　一、如前幾章所述，人們可能會再次嘗試叛離，但這次的叛離限定在國家的疆域內（幸運的是疆域很廣）。

---

[10]　這句話翻譯成英文是「除了幸福還是幸福」（but happy I am not）。在非英語的語言中，還有另一個能把「幸福」這個詞與強度相連的例子，請參考 Umberto Saba 詩作的前幾行：

　　　In quel momento ch'ero già felice
　　　（Dio mi perdoni la parola grande e tremenda）...

我們可將這幾行勉強譯為：「當時我依然幸福（請上帝允許我使用偉大且精彩的詞）……」見 Saba, *Il Canzoniere* (Rome: Giulio Einaudi, 1945), p. 220。

二、既然國家不會犯錯，那麼不幸、疑慮等問題的責任　114
就理應由心有所感的人負責，也就是要準備進行另一番「調
適」。

　　三、最後一點，如果國家顯然有錯，也應當讓國家**變成**
一個讓人們帶著熱情追求的理想處所。因而，抗議將一反常
態受到美國人青睞。那種相信制度可以日臻完美、問題可以
獲得解決的傳統信念將激起抗議。人們被迫幸福，使自己的
國家成為一個名副其實的國家。事實上，這種被強迫的感覺
讓美國取得了最偉大的成就，正如當年被迫叛離才有了美
國。

　　假如拒絕叛離只是拒絕叛離美國這個國家，那倒也不太
需要擔心。然而，近來卻出現了另外一種不太健康的現象：
美國的官員極度不願意為了自己所不同意的政策而掛冠求
去。

　　上述思考與此處的討論有關。美國公民想過自己不可能
叛離國家的各種原因，也是官員想過不可能叛離政府的理
由。公民不可能讓自己萌生叛離這個「最好」國家的念頭，
所以官員內心也絕對是想著不要斷了自己與「最佳」、也是
最有權力的政府之間的關係。不願辭職的現象也同樣發生在
政治光譜上另一端、高度不同意現行政策的反對派，麥克阿

瑟將軍（General MacArthur）是如此，史蒂文森（Adlai Stevenson）也不例外。一九六六年，《馬克鳥》（*MacBird!*）這部作品諷刺了史蒂文森的困境，書中的「蛋頭」（Egg of Head）在考慮叛離與抗議兩種回應方式之後，覺得叛離愈來愈沒有吸引力：

115
　　講白了，一個人會失去影響力，

　　以請願和祈禱尋求改變的機會已經逝去。

　　從內部批評，從內部找到改變惡魔行徑的機會，

　　依然是我的一絲希望。

　　離開堡壘吧！在外旁觀！

　　這種外人的感覺，這片不熟悉的土地，

　　只有少數遠離的遊子才會再回來……

　　我害怕離開；我要留下來尋求改變。[11]

　　苦戰兩年之後，當時的局內人小湯姆森（James C. Thomson Jr.）在一篇文章中徹底分析了高官遲遲不願與詹森

---

[11]　Barbara Garson, *MacBird!* (New York: Grassy Knoll Press, 1966), pp. 22-23.

政府分道揚鑣的「疑慮」，也分析了這場衝突不同的官僚層
面。[12]　其中一項解釋觀點是他所謂的**異議者馴化**
（*domestication of dissenters*）：人們給政府內部的質疑者「戴
上」一頂「官方異議者」或魔鬼代言人的帽子，藉此達到馴
化的目的。在這個過程中，一方面質疑者的良心被削弱，另
一方面他的立場也顯得昭然若揭**且得以預期**。這樣的可預測
性，也就使得他的權力跟立場大打折扣。[13]　異議者就像玩
「角色扮演」一般，以「團隊成員」的身分陳述個人觀點。
而如此一來，他就必須事先放棄自己手中最有力的武器：辭

116

---

[12]　James C. Thomson, Jr., "How could Vietnam Happen? An Autopsy,"
　　　Atlantic Monthly (April 1968), pp. 47-53.

[13]　如小湯姆森所說：「一旦保爾（George Ball）先生開始表達疑慮，
　　　他也就順利進入體制之中。有人鼓勵他成為政府內部的魔鬼代言人
　　　鼓吹越戰，因此結果必然是：情勢升高的過程就允許保爾一定要定
　　　期發表自己的觀點；於是我假定保爾將感覺良好（他過去一直是為
　　　正義而戰）；其他人也會感覺不錯（因為他們可以完整傾聽鴿派觀
　　　點）；不快的程度將減至最低。這個俱樂部依然相當完整；當然，
　　　如果保爾先生保持沉默，或是比一九六六年秋天時更早離開政府，
　　　事情也許會變得更糟。當然，最後一個進入體制的質疑者莫耶爾
　　　（Bill Moyers）也是如此。據說當他步入會場時，總統親切地歡迎
　　　他：『嘿！停止轟炸先生來了（p.49）。』」克羅傑（Michel
　　　Crozier）十分自信地指出，官僚體系內的權力和他想法的可預測程
　　　度成反比。請見：Michel Crozier, *The Bureaucratic Phenomenon*
　　　(Chicago: Universitv of Chicaco Press, 1964), ch. 6。

職抗議的威脅。

這對異議者來說顯然是一筆很爛的交易，所以問題就來了：為什麼他要隱忍呢？我們可以從上一章所提出的幾個要點嘗試回答此問題。首先，有鑑於對政府掌控大局有種潛在的厭惡感，最終的政治決策總會被視為是「鷹派」與「鴿派」兩個極端之間的中間折衝；因此，正反兩派的成員總會覺得「如果我方的意見未獲採納，結果將會更不好」。鴿派尤其認為不管自己遇到多少「責難」，都有責任留在自己的崗位上。想想身邊那些揮之不去的正邪兩股龐大力量，你就會覺得哪怕只能發揮一絲絲影響力，也值得去做。這種邏輯實際上已經包含了上一章從公共財中叛離的真理。這也正是麻煩所在。在這種情形下，機會主義（opportunism）將被理性地說成具有公共精神，甚至還會被罩上一件神祕的犧牲奉獻面紗。由於諸般動機是如此複雜有趣，這種機會主義的行為將在強化、堅持與放棄之間沉溺遊走，而全然失去其正當理由。鴿派也會高估自己的中途叛離對事件的影響力與傷害。艾克頓爵士（Lord Acton）的著名格言或許可稍微改動，寫成：「權力使人腐敗，大權在握的小人物則是大大的腐敗。」

如果換個角度看，叛離在這種情況下被完全忽略就非常有可能成真。第四章已經指出，相較於高級或頂級品質區間的產品，劣質產品的品質一旦惡化，就更可能造成叛離。假如中低檔產品的品質惡化，由於身邊有各式各樣價格與品質相似的替代品，所以顧客可以輕易選擇叛離；反之，使用高檔產品的顧客，手邊可能無法隨時有那麼多替代品，萬一其他產品無法滿足他，他可能比較傾向透過抗議「從內部發揮作用」。那難道我們就可以依此推論，人們從一個中小型國家的惡化政府中叛離，要比從一個世界強權的政府中叛離還容易嗎？嚴格來說顯然是無法成立的，因為在強權之中根本不可能引入市場機制：如果一個人的政府衰退，他通常無法「轉投」另一個政府。但是，一種類似的機制或許可以發揮作用。中小型國家有許多「同儕」，所以它的行為可以拿來與同一類政府作比較。這類國家的政府行為標準非常清楚，因此有可能得知他們何時會受到訕笑。但是，強權就沒有類似的行為標準可供比較，所以他們可以合理地聲稱，由於身上有特別的負擔與責任，因此一般的標準並不適用於他們的行動。這或許也是為什麼叛離強權國家的政府官員尤其少得可憐（deplorably）的另一個原因。

117

為什麼說「可憐」呢？因為叛離扮演了恢復政府或任何組織表現的根本角色。一旦叛離發生，要不促成政府改革，要不就是造成政府瓦解，但不論是哪一種，受人敬重的成員大聲嚷著要叛離所引發的震撼，在許多情況下都是抗議不可或缺的助力。參議員尤金・麥卡錫當年決定競選總統就是一例，他的決定深深影響了整件事的發展。這種行為背叛了民主黨上層菁英，違背執政黨黨內歷來遵循的遊戲規則（黨員不應反對本黨的總統競選連任）。不過，總統的「白宮家族」內部並未發生類似的、大張旗鼓的叛離，儘管家族內有數名成員愈來愈不安。在作家嘉森（Barbara Garson）與小湯姆森的諷刺與分析之後，這種遲遲不願叛離的情況逐漸成為世人所公認的國家問題，甚至成為一樁醜聞。因此，萊斯頓（James Reston）在事後曾如此描述詹森政府：

> 從紀錄來看，有一點非常清楚：從美國政府高位辭職的藝術，幾乎已經消失。現在不再有人會辭職，正如離開張伯倫（Neville Chamberlain）內閣的英國閣員伊登（Anthony Eden）以及庫柏（Duff Cooper），還很鉅細靡遺地解釋自己為何無法再認同內閣的政策……〔那些留下來不走的人〕大部分

在關鍵的時刻，會把他們對國家的忠誠轉移到總統身上。有些人……現在私底下會懷疑，這樣做是否符合國家利益。[14]

但如之前所言，由於逃避叛離都有冠冕堂皇的理由，這些作品中所隱含的道德譴責或道德規勸不大可能發揮作用。所以，正如同我們稍早開始尋找促成抗議的方法，尋找在抗議底下激起叛離的制度手段，應該會更有幫助。順著這個脈絡，小湯姆森認為在美國內閣成員眼中，一氣之下掛冠求去

119

---

[14]　*The New York Times* (March 9, 1969)。另外也要留意 John Osborne 先前的抱怨：「假設我們現在應該認清了，這個時代的官員不會因任何理由辭職……但是，基於對保爾的敬重，我必須說有時候為了堅持原則而辭職的行為，能夠改善華盛頓官場上的風氣，也能夠延緩甚至阻止保爾所提到和感嘆的錯誤概念及判斷。」參見：*The New Republic*（June 15, 1968）。我在此提供一個修正本書觀點的例證，我們很幸運地紀錄了第一個例外：一九六九年十月，蘭德公司（RAND Corporation）六位分析師向《紐約時報》和《華盛頓郵報》寫了一封措辭嚴謹的回應信，主張美國政府應該單方面、迅速從越南全面撤軍。這種直接與媒體溝通的方式，本質上與抗議下的辭職十分接近。他們公開抗議蘭德與國防部簽署服務協定而提出的官方政策。儘管抗議者並未叛離，但顯然承擔著「被驅逐」的風險（*Washington Post*, October 12, 1969）。在本書於一九七一年九月再版之際，我要再補上一點：這一封原本夾雜叛離和抗議之意的信，基本上由 Daniel Ellsberg，也就是六位署名者之一，所發起的。

實在是件毫無吸引力的事，因為美國與英國不同，國會裡頭「沒有可供閣員辭職之後座議員區」。[15] 一般來說，內閣成員通常欠缺政治與民意基礎。最近有人建議，內閣成員或其他一些高層官員，應該由利益團體的領袖提名任命，或應該有一些背後的追隨團體，兩者間的關係值得仔細研究。這樣的人應該比較不容易陷入所謂**團隊成員的陷阱**之中。

---

[15] Thomson, "How Could Vietnam Happen?"

9

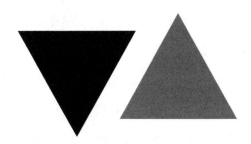

難以掌握的
叛離與抗議最佳組合

THE ELUSIVE OPTIMAL MIX OF
EXIT AND VOICE

120 　　前面幾章有許多篇幅討論的是叛離在排除抗議後，扛起引領公司或組織在歷經一開始的衰退之後恢復效率的重責大任。然事實已經證明，在某些情況下，抗議也可以是一種重要的恢復機制，應該用適當的制度強化其力量。我決定在本書的最後篇幅秉持一種令人稱許的平衡報導概念，將注意力轉移到叛離選項幾乎完全遭到迴避的情況，來同樣探討叛離對績效恢復的傷害。在本書接近尾聲之際，我的論述輪廓也即將完整呈現。然而，在論述的路上許多令人目不暇給的裝飾小物加入了這個輪廓，並逐漸形塑出一個稍具框架的結論，這對我們的收尾或許相當管用。

　　首先，我覺得有必要根據兩種回應機制是否出現做為分類標準，用一張表格區分不同組織如何各就各位。這張表看起來不用說當然很粗略。符合表中每一格的條件以及個案之間的界線，已經在整本書裡先後做了交代。

　　這張表格針對以下情況做了粗淺的對比：第一種有如競爭市場上的企業，顧客或成員幾乎不會以抗議表達不滿，組織基本上是透過這些人的叛離掌握他們不滿的訊息；第二種則是比較傳統的人群，叛離選項基本上不存在，而成員可以採取各種不同程度的抗議。叛離與抗議同時發揮重要作用的組織則相對較少：其中最重要的就是各式各樣的自願性團

體，包括競爭性政黨這個最重要的次分類。此外，有些企業
的客人也經常嘗試直接影響公司的政策，而不是選擇叛離。

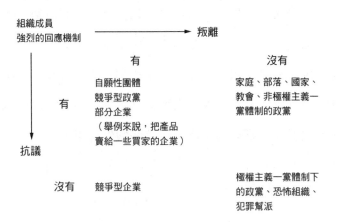

絕大多數的組織恐怕都難以完全免於成員的叛離及抗
議。表中所列的只有一類是刻意設計出的結構，其直接或間
接禁止任何一種機制發揮作用。叛離在此結構中有如通敵，
抗議則彷彿叛國。從長期看，這樣的組織要比其他組織更缺
乏活力；叛離與抗議屬違法之舉，會受到嚴厲懲罰，唯有在
組織惡化到極點、無法或難以復原的時候，才會獲得採用。
在這個階段，抗議與叛離將有如排山倒海──它們會帶來破
壞，而不是發揮改良之效。

　　另一方面，這張表格也並未影射擁有兩種回饋機制的組
122　織要比僅靠一種機制的組織還更進步或更有活力。一切都應

該取決於組織對內部任何一種機制或兩種機制結合的回應為
何。如果一個允許叛離的組織對顧客或成員的流失極度敏
感，那只要叛離就夠了；同樣地，假如組織允許抗議，非常
認真看待成員的抱怨及抗議，則擁有抗議也就夠了。但是，
如果組織對自身所引起的特定回應機制不特別敏銳，或無法
迅速做出回應，那麼情況又是如何？本書大部分的篇幅討論
了回應失當或回應錯誤等例子，這些觀點可用另一個表格歸
納如下：

衰退主要引起叛離還是抗議

組織對叛離還是抗議比較敏銳是		叛離	抗議
	叛離	競爭型企業（條件請看第二章）	允許異議的組織，但是「有制度化」
	抗議	面對另一種模式競爭的國營企業、懶惰的寡占者、公司與股東的關係、內陸城市等等	成員忠誠程度高，以民主方式回應的組織

　　我們在此最感興趣的，自然是那些反常或病態的個案，
亦即組織實際上擁有回應機制卻毫無回應的狀態：因品質下
降而受到衝擊的人，會以各種方式宣洩自己的不滿，但管理
階層卻正好對這些人的回應習以為常或漠不關心，根本不覺
得自己有採取修復措施的必要。前面幾章，特別是第四和第
五章已詳細討論過此問題：組織的衰退引發叛離，但這卻對

管理階層毫無影響，幾乎和抗議可能招致的情況一樣。然而，第八章卻出現一個截然相反的情境：美國政府的行政機構在詹森執政期間，組織表現不斷惡化，導致抗議示威不斷，結果卻都無功而返——在那種情境下，叛離也許會更有效一些。

　　組織衰退時可能會使成員採取某一種回應機制，但其復原卻可能受另一種回應機制的強力刺激，我們可以透過對此事的普遍觀察得出幾點結論。由此方式看待問題的一項優點，是它能立即點出解決之道的**組合**（variety）與**結合**。比方說，假如組織對叛離的敏銳度遠不如抗議，但組織衰退時主要引發的是叛離。顯然，此時糾正的方法是既要努力讓組織對叛離更敏銳，**也要**努力讓成員由叛離改為抗議。如此一來，彌補方式的可行範圍就會擴大。舉例來說，當鐵路公司未能正視客人的流失時，常見的作法是導入更嚴格的「財政紀律」，希望鐵路公司的管理者對收益流失的回應，能夠像遭受破產威脅的私人企業一樣。我們現在可以很清楚地看到，抗議做為一種替代或補充的機制，值得我們去尋找方法與渠道來強化顧客的抗議。直接的作法是降低抗議的成本與提高抗議的獎勵，間接的作法則是提高叛離的成本，甚至是減少叛離的機會。

　　同樣地，如果組織的衰退會引發抗議，但組織忽視抗議，同時對叛離的回應更勝過抗議，那就必須思考適當地重新安排制度，讓叛離更容易也更有吸引力，同時也讓組織對抗議更加敏銳。我在此鼓吹透過制度設計進行改善的方法，拓展了政策選擇的空間，也能避免一種強烈的對立偏見——不是偏向叛離，就是偏向抗議——而這幾乎是每一個經濟學家與政治學家都自然會有的偏見。[1]

　　然而，也應當注意我們的方法**辦不到**的事。第一，這種方法並未就叛離與抗議的最佳組合開出一套堅實的解決方式；第二，這種方法也不希望讓人認為，每一種制度都有自己的最佳組合，而且要一步步嘗試錯誤才能實現。在任何時間點，我們或許都可以說兩種機制裡的任何一種有不足之處；但要明確找出一種最有效且能穩定運行一段時間的組合，卻不大可能。道理很簡單：**每一種機制本身都面臨著無處且無時不在的衰退力量**。我之所以這樣說，不僅是想在本書尾聲增添一絲哲學意味，同時也是基於一些世俗的理由。前面已經指出，組織中管理階層的短期利益是增加其行動的自由；因而，管理階層竭盡全力奪走消費者或成員手中所能

---

[1]　請參考第一章傅利曼對教育改革的建議。

124

施展的武器（不論是叛離或抗議），並在一定程度上把所謂的回饋機制轉換成一個安全閥。如此一來，抗議很有可能變成一個「宣洩閥」（blowing off steam），如同我們在前一章的尾聲所說，抗議將因為異議的制度化與馴化而遭到閹割，而叛離也同樣會被削弱。如同前文所言，那些表面看起來相互競爭、對叛離敏銳的組織與企業，可以學著在相互接收對方牢騷滿腹的消費者或成員的過程中玩一場合作、共謀的遊戲。基本上，如果相互競爭的組織或企業成功合作與共謀，叛離將因為他者進入而抵消，不再對惡化的組織構成嚴重的威脅。

　　因此，當管理者找出削弱消費者（或成員）偏好回應模式之效力的方法後，將因為消費者（或成員）更仰賴某一種模式而讓另一種模式萎縮，管理階層的工作任務也可暫且舒緩。前幾章曾多次指出（特別在論及抗議的時候），相對陌生的回應模式，其效力會變得更難以確定，也會**愈來愈受到低估**。原因在於，要讓較陌生的機制發揮作用，就必須挖掘或重新挖掘此機制的權力，但較受偏好的機制早就都熟悉了。除非不熟悉的機制展現成效，否則我們當然不會相信任何創新的發現；當**叛離**主導時，我們會低估**抗議**的效力，反之亦然。也就是說，一旦成員對抗議的偏好稍稍勝過叛離，

125

就會出現一連串的運動，使叛離看起來更不具吸引力也更難以想像。因此，成員將愈來愈倚賴抗議，同時管理階層也將努力讓組織更不受抗議影響。

由此之故，情況往往不利於叛離與抗議出現穩定與效果最佳的組合。這樣的發展趨勢越來越明顯：成員只仰賴一種機制，其效用也不斷地下滑。同時，唯有在主導機制清楚表明本身的不適用性之後，另外一種機制才會再度進入運行的軌道。

導入另一種機制的震撼效應而產生的積極效果最近獲得了證實，也就是在一個長期、且幾乎是由叛離機制完全主導的領域中，透過納德的勇氣與進取心，突然導入了消費者的**抗議**。反之，當抗議是主要的回應機制時，也應該要加強叛離機制。我們或許會問為什麼要這樣做？為什麼叛離這種撤退之舉，在抗議這種重新由「內部發揮作用」的效果衰退時，會突然變得很有影響力呢？成員通常不會用叛離的方式來取得更多的影響力。不過，這樣做卻總能夠產生效果，尤其是當叛離極為罕見的時候。社會心理學家已然注意到：「溝通管道的消失，會使人們將觀點偏向自己。」[2] 叛離讓

126

----

[2] Serge Moscovici, "Active Minorities, Social Influence and Social

留下來的人感到不安，因為他們再也無法向那些叛離的人「回話」。叛離使得叛離者的論點無從被回答。烈士在歷史上所留下的深遠影響，也可從這個角度來理解：烈士的殉道是一種最難改變的叛離，而他的觀點也最難被反駁。

　　針對最佳組合概念的批評，可帶出以下的三點建議。為了保有自身對抗續效衰退的能力，若組織主要依賴兩種回應機制的其中一種，就需要偶而導入另外一種。有些組織則需要做一些定期的替換，讓叛離與抗議輪流擔任主要的機制。最後，意識到任何最佳組合本質上都有一種不穩定性，會有助於我們改善制度設計，讓叛離與抗議都能夠維持良好的狀態。

　　我們甚至可以想得到，本書可能會有更直接的影響。它能將那些目前遭忽視的機制所具備的潛能完全釋放出來，以鼓勵成員根據情況而決定訴諸叛離或抗議。至少這是作家們的夢想。

Change," a paper prepared at the Center for Advanced Study in the Behavioral Sciences, 1968-1969, p. 31。Moscovici 引用 Muzafer Sherif 與 Carl I. Hovland 的實驗結果來支持這一點。

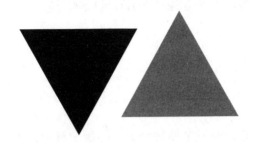

附 錄

APPENDIXES

附錄 A

一個叛離與抗議的簡單圖形[*]

129　　　只要稍微修改一下傳統的需求曲線，就可以看出品質的惡化是如何引發叛離與抗議。如下所示，我們假設已知品質需求彈性，即消費者面對品質下降的叛離回應，並暫時不考慮抗議的可能性及未來效應。

　　圖 2a 顯示，需求是以品質為函數，縱軸代表品質，而不是傳統需求曲線那般以價格為縱軸。距離原點越遠代表品質越差；如此一來，需求曲線依然是向右下方傾斜。L_0 代表正常品質，L_1 代表下降後的品質。圖 2b 則是傳統圖形，縱軸代表單位價格。兩圖的橫軸都代表購買的數量。當品質由 L_0 降至 L_1，而單位價格不變，需求就會從 Q_0 下降到 Q_1，而整體收益的損失就是圖 2b 中由 $Q_1 Q_0 P'_0 T'$ 四個點所形成的四邊形，稱作「叛離」四邊形或 E 四邊形。而收益的

---

[*] 請見（原書頁碼）22-23 頁，33-36 頁。

損失要到多高才會減少或完全抵銷企業的利潤，當然取決於圖形中未顯示的產品成本。

另一方面，抗議則取決於圖 2a 中未叛離的顧客 OQ_1 以及產品惡化的程度 L_0L_1。因此，未來的抗議量要看 $L_0TP_1L_1$ 的大小，也就是「抗議」四邊形或 V 四邊形的大小。

在一般情況下，E 和 V 兩個四邊形無法直接相加。但是，只要產品品質下降，叛離和抗議就多少會同時對管理階層發揮影響力；如果能夠估算出在總體影響力中兩種機制的權重，我們就可以在圖 2b 的縱軸上畫出品質下降對價格的影響，如此一來兩個矩形便能正確地代表它們各自的影響力大小。舉例來說，圖 2 是要說明當品質由 L_0 降至 L_1 時，叛離的效果是抗議的兩倍。如果在某一範圍內，叛離與抗議的效果完全或直接取決於兩個矩形的面積，如此一來，決定抗議與叛離對企業施壓整體比重的關鍵因素，就是品質需求彈性（quality-elasticity of demand）。在此情況下，彈性越高代表抗議與叛離的整體效用越高，但前提是抗議四邊形 V 的衰退對績效恢復所產生的負面效果能完全被叛離四邊形 E 的增加所彌補。

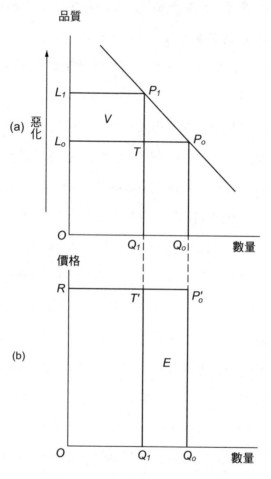

圖 2 品質做為需求函數下的叛離與抗議

抗議會給管理階層帶來直接成本，就如同抱怨的顧客會

占用公司員工的時間，並成功讓有瑕疵的商品送「維修」或

是換貨。在此情況下，抗議會造成直接的金錢損失，可用圖 2b 來表示。假如有一半未叛離的顧客開始抱怨，抱怨平均所增加的成本占產品售價的一半；那麼抗議所造成的金錢損失則大約是 $ORT'Q_1$ 這個四邊形的四分之一（請注意，抗議會直接影響利潤，而叛離則是透過收益來影響利潤）。但是我們必須強調，抗議的效果不能完全**取決**於這種轉換為金錢來衡量的方式。針對這點的一些看法，請看本書第六章（原書頁碼）72-74 頁。

附錄 B

叛離與抗議的抉擇[*]

132 　　　附錄 B 從個別顧客的角度，以一個更加形式的方式探索顧客在面對產品品質下降時在叛離與抗議之間的抉擇。圖 3 的橫軸代表產品品質（不過是離原點愈遠品質愈好），縱軸代表累積機率（cumulative probability），也就是顧客評估抗議能**至少**改善一些品質的成功機率。一開始「正常」的產

133 品品質以 Q_n 表示，並假定產品品質已惡化到 Q_o。$OQ_oQ_nQ'_n$ 這個四邊形裡的任何一點都代表品質改善的機率，顧客或成員估計產品品質能至少有些實際的改善。顧客對於 Q_o 所代表的品質小幅度改善但實現機率高（在合理的時間內）可能毫不在意，同時也對相反（品質大幅度改善但實現機率很低）的情況無動於衷。圖中可以看到 Q_EV_2 和 Q_CV_3 兩條無異曲線；兩條曲線很有可能會凸向原點，因為在產品品質已然

---

[*] 請見（原書頁碼）36-40 頁。

改善的情況下，顧客將越來越不願意接受較低的品質改善機率。V_1、V_2、V_3 代表抗議選項奏效後的結果：在這三種情況下，產品品質都完全恢復到「正常」水準，但每一種情況實現的機率都不同。

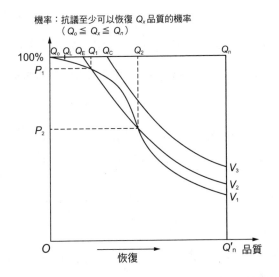

圖 3 叛離與抗議的抉擇：成員影響力以及對風險的態度所形成的函數

我們可以用 Q_E 這個介於 Q_O 與 Q_n 的點來代表叛離選項，這是最接近的競爭產品或替代品，品質優於 Q_O 但是比 Q_n 差；當惡化的產品品質在 Q_n，而消費者又未選擇競爭產

品時，就代表 Q_E 比 Q_n 差。我們以最直接的方式說明這張圖，假定兩種產品的價格不變；但稍後我們會指出，該圖所代表的競爭產品 Q_E，也可以理解成價格和品質與正在惡化的產品不同。[1] Q_E 對應的座標點表明了叛離和抗議相反，它所帶來的結果毫無不確定性，因為競爭產品的存在是一種帶著誘惑的替代選項，每個人都看得見。由 Q_E 出發的那條無異曲線（$Q_E V_2$）是由品質提升以及品質成功提升的機率組合所構成的軌跡，在這條線上的消費者難以在叛離或等待抗議奏效之間做出決定。在 $OQ_oQ_nQ'_n$ 四邊形之內 $Q_E V_2$ 曲線右上區塊的所有點是品質改善與抗議成功的機率組合，抗議與叛離在這塊區域內的競爭往往是抗議勝出；而 $Q_E V_2$ 曲線的左下區塊，則代表機率組合的品質改善不如 E，故會採取叛離。

134　　　叛離與抗議之間的抉擇變成了一道活生生的現實問題。人們在此之中面臨到現代效用理論，亦即馮・紐曼・摩根斯坦（von Neumann-Morgenstern）為了建立效用函數而拋出的選擇題：顧客或成員得在兩種行動路線之間做選擇，其中一種（叛離）會有完全確定的結果，而另外一種（抗議）則像買

---

[1] 請見以下附錄 D，註 4。

樂透或說是機率組合，並可能帶來兩種結果。根據理論的推導，其中一種結果會勝過叛離的確定結果，而另一種結果則比叛離差（或者說並未壓倒性地勝過叛離）。假定人們選擇抗議選項的具體機率，也就是抗議能讓品質從 Q_o 提升的機率是 p。決策者現在處於 Q_o，他要在競爭產品 Q_E 以及機率組合 $[p, \overset{\geqq}{Q_x}; (1-p), \overset{<}{Q_x}]$ 之間做抉擇，這裡的 $\overset{\geqq}{Q_x}$ 代表品質大於或等於 Q_x（最高是 Q_n），$\overset{<}{Q_x}$ 代表品質介於 Q_o 與 Q_x 之間，但不包括 Q_x。無異曲線來自於 p 與 Q_x 的補償變量（compensating variations）。假設 p 等於 1，也就是說，若抗議的結果確定，當 $Q_x < Q_E$ 時顧客會選擇叛離，$Q_x > Q_E$ 時會選擇抗議，而 $Q_x = Q_E$ 時選擇抗議或叛離毫無差異（假設抗議不費成本，且抗議的結果會立即出現）。因此，若抗議的結果確定，顧客的選擇將完全取決於 Q_E 與 Q_o 及 Q_n 的相對位置，即取決於競爭產品對原惡化產品的可替代性有多高。但若抗議的結果不確定，顧客承擔抗議風險的意願，顯然就會是影響決定的另一重要因素。

除了了解自己的偏好之外，我們可能也假定顧客或成員在思考抗議選項時，腦袋中會想著品質實際改善程度的成功機率（成功的衡量標準是恢復的程度距離正常品質有多遠）。此機率分布會形成一條「影響曲線」（influence

curves），例如圖中的 Q_0V_1，代表在抗議後實際的產品品質
從 Q_0 至少提升多少的機率。所謂的影響曲線是累積機率的
分布結果。假如對應點呈現常態分布，累積機率的分布就會
如圖所示呈現一條對稱的 S 形曲線。影響曲線的起點是
Q_0，此時抗議不會有任何結果、或是有結果且改善機率百
分之百，然後在最可能出現抗議的那一點（Q_1）附近迅速下
滑，最後曲線停在它與 $Q_nQ'_n$ 的交叉點，因為人們樂觀地假
定抗議帶來的總品質改善機率會大於零。

　　我們能從影響曲線及 Q_E 這條無異曲線的位置，判斷消
費者會選擇叛離還是抗議嗎？很不幸地，這不是件容易的
事。我們只能說，兩條曲線交叉覆蓋的面積越大，選擇抗議
的可能性就越高。只要抗議實際改善的品質幅度能超過（有
叛離選項的情況下）選擇叛離所能獲得的品質改善幅度，消
費者就會選擇抗議，無論他期待可改善的品質幅度有多大。
同樣地，只要抗議成功的可能機率超過消費者可接受的最大
風險（同樣是在有叛離選項的情況下），他就會選擇抗議，
無論他關注的成功機率有多高。如圖所示，如果消費者關注
的是 Q_1 與 Q_2 之間任何一點的品質改善，或是 P_1 與 P_2 之間
任何一個可接受的風險機率，他就會選擇抗議。但是，假如
他在意的是品質的完全恢復或低風險的抗議結果，例如成功

機率得大於 P_1，他就會選擇叛離。[2]

　　我在本書中曾多次強調，讓抗議發揮作用的有效方式，通常只有在成員實行抗議的過程中才能發現。若情況果真如此，一旦成員陷入叛離與抗議的抉擇，抗議的效果將會被**低估**。如要減少低估的可能，就得認知到成員對惡化中的產品或組織會有份忠誠，因此叛離也不無成本（請見第七章）。再看看圖 3，肇因於忠誠的叛離成本可視為 Q_E 點往左偏移的幅度，例如移動到 Q_L 點，也就是說競爭產品的品質之所以變得有吸引力，不是在於它與生俱來的優越，而是因為優越差距足以打消因顧客或成員跳槽所產生的「不忠誠的成本」（cost of disloyalty）。當然，Q_L 的位置也有可能在 Q_O 的左邊；在此情況下，叛離選項將被完全排除在外。

　　接下來，圖 3 也考慮了抗議可能產生的直接成本。如果抗議需要花費時間和金錢，那除非抗議所改善的品質**超過**叛離所改善的品質，不然消費者不會訴諸抗議。假如得多加上 $Q_E Q_C$ 這一段的品質改善才能讓抗議更加值得，那無異曲線就是從 Q_C 畫出來的那一條，而不是 Q_E 那一條，而這條線

136

[2]　一旦顧客或成員必須在叛離與抗議之間抉擇，如果他們將機率分配的期望值也列入考慮，他就只會有一個機率分配的落點需要擔心；這個點跟 Q_E 這條無異曲線的相對位置，將會帶來明確的決定。

也是叛離與抗議的界線。

假如我們可以根據抗議的可能大小及密集程度畫出一系列的影響曲線，就能讓分析複雜化。在這種情形下，不同的抗議聲量對應不同的成本；而我們可以從理論上說最佳的抗議聲量，是指實現「收益」最大化的那條曲線。圖 3 中唯一的影響曲線，即可看成是最佳曲線。在此情況下，若每個人的抗議只是未來整體抗議聲量的極小一部分，就會出現另一種解讀方式。如此一來，每個人將會做出兩種預測：首先，他會估算未來可能出現的整體抗議聲量（包括他自己的）；接下來，他會估計這個「客觀的」抗議聲量可能達成的目標。

顯然，圖 3 反映的是個別顧客或成員所面對的選擇情境。從這個角度來說，如果將叛離與抗議視為可替代的行動軌跡，由於每個人的偏好、對自身影響力的預估、發揮影響力的成本都不同，甚至對競爭產品能夠替代原惡化產品的程度也有不同的評價，所以有些顧客會選擇叛離，有些則選擇抗議。從圖 3 來看，對每一位顧客來說，無異曲線、影響曲線，以及 C 的位置都有可能不同，就連 E 的位置也可能有所差別。這可以進一步看附錄 D 的註 4。

附錄 C

逆轉現象[*]

在鑑賞品價格上漲時率先叛離的人跟品質下降時率先叛離的人，會不會並不是同一批消費者呢？只要稍微改動一下傳統的需求曲線，同樣可以分析這個問題。假設現在有 A、B、C 三個買家，打算分別以價格 P_a、P_b 與 P_c 三種價格購買鑑賞品，三人的需求分別以圖 4a 中的長方形表示。鑑賞品的實際單位價格是 P，而 A、B、C 各買一個。顯然，A 的消費者剩餘最高，接下來是 B，最低則是 C。一旦價格漲到 P' 而品質維持不變，C 就會率先放棄。現在我們可以把價格（上漲）換成品質（惡化），畫出圖 4b，以縱軸代表品質，來分析若品質下降而價格維持不變時，情況又是如何。惡化前的產品品質是 Q，此時三個顧客都會購買。現在品質下降，例如降到 Q' 點，三個買家的其中一個就會退出。而

[138]

---

[*]　請見（原書頁碼）47-50 頁。

第四章的論點讓我們清楚了解，放棄購買的是 A 而不是 C，因為對 A 來說，當品質由 Q 退到 Q' 時，對等價格的漲幅會完全吃掉他的消費者剩餘；但是對 C 來說，對等價格的漲幅不算太大，所以他還會留在市場上。品質下降所對應的價格差異，以 P 點畫出的水平線跟各短折線之間的距離表示。如此一來，三個消費者在圖 4b 的順序，顯然會與圖 4a **相反**：從價格來看的邊際消費者（marginal consumer），在品質惡化的過程中可能成為內邊際消費者，反之亦然。

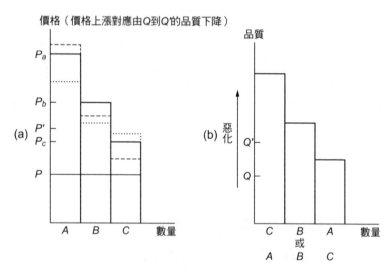

圖 4　鑑賞品出現逆轉現象的可能性

　　當然，這種逆轉現象只是諸多可能性的一種。一件物品要稱得上**鑑賞品**，應該要有以下條件：（a）價格上升對應的品質下降對每個消費者來說因人而異；（b）價格上升對應的品質下降多寡跟消費者剩餘之間呈正相關。[1] 這兩個條件也能適用於以下的情況：C 這個價格型的邊際消費者在品質下降時也率先離去，而 A 這個品質敏感的消費者卻在品質下降時堅持最久，只因為他一開始的消費者剩餘很大，所以品質下降所對應的價格上升並沒有完全消除他的消費者剩餘。圖 4a 的虛線及它們與 P 價格線之間的距離，說明了這種可能性。如此一來，抗議扮演要角的機會就非常大，因為消費者剩餘高的顧客顯然會對他們所要承受的巨大損失感到不滿，但卻也無法找到一個令人滿意的替代方案。因此，只要他們還會繼續購買鑑賞品，就會帶著改善品質的企圖心施展他們的影響力。

139

140

---

[1]　在此補充一點：第二個條件能夠界定鑑賞品的前提是消費者的收入大致相同。

附錄 D

在多種鑑賞品的情況下，消費者對價格上升與品質下降的回應[*]

141　　若消費者想購買某一鑑賞品，可以從它五花八門的同種物品（variety）中挑選。他願意為較好的品質多付一點錢，但顯然受（1）自身預算以及（2）鑑賞更高品質的能力所限制。因此，每一個消費者都有他的無異地圖（indifference map），以顯示在某一**既定數量**下（例如一輛車、一箱香檳酒），價格與品質的不同組合所對應的滿足感。

　　圖 5 呈現了一些這樣的無異曲線。橫軸代表品質（改善），縱軸代表價格（上漲），是以曲線往右下方移動（而不是一般的左上方）即表示消費者的福祉獲得明確的改善。

　　消費者本身的兩項限制，就是圖裡的「鑑賞能力上限」（quality appreciation ceiling）以及「預算上限」（budget

---

[*] 請見（原書頁碼）50-54 頁。

ceiling）。圖裡只設定了一種上限組合，但消費者所面臨的限制絕對因人而異。鑑賞能力上限是指品質超過這條線之後，消費者就無法從品質的改善增加任何滿足感，因此他不會為了追求更好的品質而付出更多成本。預算上限可以理解成消費者的全部所得（假設世界上只有一種物品），或理解成一個他為自己所設定的任意數字（世界上有許多物品）；也就是以現行價格來說，他最多願意花多少錢買這個物品。[1]

無異曲線有可能在尚未碰到鑑賞能力上限時先碰到預算上限，例如 *AA'*，這表示挑剔或品質敏感的消費者會樂於為了一點點品質的改善而多付錢。無異曲線 *BB'* 則表示，對無辨識能力或價格敏感的消費者來說，物品的品質必須有明顯的改善，他才會願意付較高的價格購買。*BB'* 在碰到預算上限

142

143

---

[1]　我們假定當消費者平常購買的鑑賞品品質與價格改變時，他以各種新的物品替換，並不會影響購買的數量。這裡所探討的替換是指一單位鑑賞品（或固定數量的鑑賞品）各種不同品質與價格的組合，而不是品質與數量。針對後者，可參考：H. S. Houthakker, "Compensated Changes in Quantities and Qualities Consumed," *Review of Economic Studies*, 19:155-164 (1952-1953)。雖然消費者買東西時經常會因數量而犧牲品質，但底下所討論的情況或許有著重要的實踐意義。這一點很關鍵，因為消費者許多重要的決定都是無法分割的，或是**被認為**無法分割：消費者吃**一頓**晚餐、買**一輛**車、**一間**房子，為小孩選擇**一種**教育，在他們腦中是用價格去衡量這些鑑賞品與服務的品質是否值得，而不是用可調整的購買數量。

前就先碰到鑑賞能力上限：過了那個交叉點後斜線就變成水
平線，正好表示品質再怎麼改善，效益都不會再增加，也就
表示消費者不可能接受更高的價格。

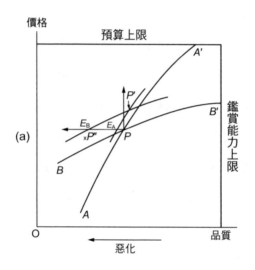

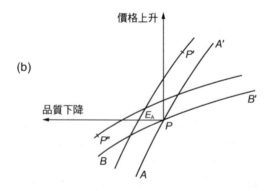

圖 5　價格敏感和品質敏感的消費者對價格上升和品質下降的反應

　　以下的分析假定，品質敏感與價格敏感的消費者距離自己的能力上限都有一定的距離；尤其是，對消費者負擔得起的品質，預算並未設定一個嚴格的上限。[2]

　　當消費者經常購買的該種物品品質惡化或價格上漲時，我們可以檢視在此情況下消費者從一種品質與價格組合轉移到另一種的變化。首先假設現在該鑑賞品只有兩種可供選擇，其中一種物品的品質與價格組合以 P 表示，而另一種物品的品質與價格都比 P 再**高一些**，並以 P' 表示。接下來，若該種物品的品質與價格都比 P 低時，則以 P'' 表示。圖 5 顯示若 A 與 B 消費者都購買位於 P 點所代表的物品，即可達到各自無異曲線的最高點。[3]

---

[2]　如果品質和價格之間的相互轉換對所有消費者來說都是一致的（第四章輪胎和鐵路服務的例子就頗為接近），他們的無異曲線就會是相互平行且相同斜率的一組直線。再舉一個更極端的例子：假設兩種「不同」牙膏之間的「品質」差異是指其中一款容量為另一款的兩倍大。在此脈絡下，除了時間偏好、儲存空間及其他相對次要因素的影響外，即使較大管的牙膏要多花兩倍錢，消費者也並不在意買哪一種。

[3]　這裡指出一個事實：其他可供選擇的物品，例如 P' 與 P''，對 AA' 與 BB'' 來說都是較差的選擇。圖 5 說明了，品質敏感和價格敏感的消費者購買**同一種**物品的情況，無疑地在市場上隨時都可能發生。只有在可供選擇物品的陣列是完全連續（completely continuous）時，「各種物品的連結曲線」才會是一條真正的曲線（而不是只有幾個點），對於價格與品質組合有不同偏好的消費者才不會購買同一種物品。

144   當消費者平常購買的該種物品品質逐漸惡化時，會發生
怎樣的情形？若價格保持不變，則品質可用橫軸表示，從 P
點往左代表品質的惡化。橫軸先在 E_A（叛離點 A）與品質敏
感的消費者的無異曲線（代表 P' 這個高品質物品的無異曲
線）相交；然後再往左延伸，在 E_B（叛離點 B）與較不在意
品質的消費者的無異曲線相交。因此我們可以清楚看到，一
旦唯一的替代品價高而質優，品質敏感的消費者會比較不在
意品質的消費者先叛離。同樣的道理反之亦然：較不在意品
質的消費者在唯一的競爭品價低而質劣時（以 P'' 表示），
同樣會率先叛離。而當優質高價（P'）以及劣質低價（P''）
兩樣物品都可供選擇時，當 P 的品質惡化，品質敏感的消費
者將往 P' 叛離；如果進一步惡化，較不在意品質的消費者
將往 P'' 叛離。[4]

---

[4] 從個別消費者的角度來看，價格與品質比平常買的物品還高的另一
    種物品，可以想成是一種有對等滿足感、價格與平常購買的物品相
    同但品質比它還低的物品。當然，這種「對等物品」（equivalent
    variety）是因人而異的，會取決於個別消費者的品質與價格敏銳程
    度。圖 3 中的 Q_E 也可能因消費者的不同而各自不同。是以這個看
    似狹隘的假設，即 Q_E 代表品質較差而價格相同的物品的假設就會
    被放棄，亦無須改變書中對抗議與叛離抉擇的分析。根據個別消費
    者的無異地圖，Q_E 點必須重新理解成一種對等價格的物品，而其
    品質與價格都不同於平常所買的那種物品。

　　這樣的逆轉現象，也就是當品質下降時價格的內邊際消費者（price-intramarginal consumers）率先叛離的傾向，透過圖 5 可以描述得更加精確。有趣的是，如果市場上只有兩種物品（不論是 P 與 P' 還是 P 與 P''），就不會出現逆轉現象。假設現在只有 P 與 P'。從 P 點開始縱軸往上代表價格上升，同樣地橫軸向左代表品質下降。顯然，縱軸與橫軸**都會**先和 P' 這一條品質敏感型消費者的無異曲線相交。因此，這種情況下不會有逆轉現象；雖然品質敏感的消費者在品質下降時叛離的速度，要比在價格上漲時還更迅速。但是，品質敏感的消費者絕對會是率先叛離的人；就像在另一種情況下，也就是市場上只有 P 與 P''，對品質要求稍低的人也會是那個率先叛離的人。消費者在市場上必須同時看到三種物品，也就是 P、P' 與 P''，**而且 P' 與 P'' 必須要在 P 的兩邊**，才會有逆轉現象。如放大後的圖 5b 所示，價格上漲的縱軸得先經過對品質要求較低的消費者的無異曲線 P''，而品質衰退的橫軸得先經過對品質要求較高的消費者的無異曲線 P'。換句話說，當平常購買的該種物品價格上漲時，對品質較不在意的消費者會率先（往 P''）叛離，而對品質高度敏感的消費者則是在品質下降時率先（往 P'）叛離。兩種消費者叛離的先後順序，在品質下降與價格上升時會完全逆轉。

145

　　因此，當競爭市場存在各種價格與品質的組合時，逆轉現象是很正常的，根本**不足為奇**。

　　還有一點，圖 5 中的 P、P'、P'' 分別代表可供消費者選擇的各種物品。若是 P、P'、P'' 各種物品連結成一條曲線（variety-connecting curve），那我們就可能看到這條線和轉換曲線（transformation curve）一樣，凸出的方向和無異曲線相反，因為當品質改善的幅度「相同」（品質以某種不包含價格因素在內的「客觀」條件來測量）時，正常來說會愈來愈昂貴。圖 5 清楚表明，假如產品在惡化，品質敏感的消費者叛離的速度很大程度取決於有無類似且品質較高的替代品。因此，P、P'、P'' 這條連結曲線的差異**密度**（differential density），實際上是由我們所觀察特定對象周遭不同物品的分布所組成。誠如第四章所述，這和我們對叛離與抗議各自角色的評價有很大的關係。

附錄 E

嚴格的入會條件對行動主義的影響：
一項實驗設計[*]

本書主要關心組織的運作、活動或產品一旦惡化時成員   146
如何回應，只不過社會心理學家從未以本書的方式探究此問
題。然而另一個密切相關的問題，卻獲得了理論上和實驗上
的關注：各式各樣的成員在加入團體之後，一旦發現團體的
活動不如預期有趣、實用、有利可圖，他們會作何反應？其
中一項由費斯汀格（Leon Festinger）的《認知失調理論》
（*Theory of Cognitive Dissonance*, 1957）延伸出來、有趣卻有
點出人意表的觀察指出：加入某一團體的條件越嚴苛或費用
越高，人們就會越喜愛這個團體；也就是說，一個人為了加

＊ 請見（原書頁碼）94-96 頁。附錄 E 是由 Philip G. Zimbardo、Mark
Snyder 與我共同撰寫。

入團體而吃足苦頭，該團體在他眼中，會比在一帆風順的人眼中更有吸引力（或是比較不會沒吸引力）。因此，如果團體的活動被刻意設計成在「客觀上」令人失望的模樣，比起付一點點錢或根本沒付錢就加入的成員，飽受入會條件嚴苛所折磨的成員會覺得活動沒那麼令人失望。然而，我在第七章提出的假說就算沒有動搖，至少也大幅修正了費斯汀格的這項發現。我們討論過，在某些情況下，入會條件嚴格會使某些人搖身一變成為活躍的少數派，積極參與創新、改革、造反，甚至脫離團體。接下來，我會先簡單耙梳一下此研究領域的知識現狀，再詳加闡述這個假說。

嚴格的入會條件對成員熱愛組織程度的影響

　　一般來說，所有團體都會有一些面向受到個別成員所厭惡。如果他經歷過令人感到不悅、痛苦或是嚴格的入會過程，那麼歷經千辛萬苦才能取得成員身分，與團體那些不受歡迎的面向，兩者會給人一種認知失調的感覺。有兩種方式可以減輕這種認知失調感：一種是改變對入會過程讓人不悅的認知，也就是盡量減少不悅的感受；另一種則是改變對團體不受歡迎面向的部分或全部認知，也就是強調團體吸引人

的面向，而忽略不受歡迎的面向。如果入會過程只是稍微令人不悅（認知失調程度低），則第一種方式比較有可能；但隨著入會條件愈來愈嚴格（認知失調程度高），也就愈來愈難以扭曲嚴苛、令人不悅以及痛苦的入會過程，反而是明顯比較容易扭曲對團體的主觀認知。因此，當入會條件愈來愈嚴格、失調情況越來越明顯時，對團體的喜好應該會提高，以降低此種失調。

為了檢驗此項推論，Aronson 和 Mills [1] 將一批自願參與性問題討論的大學女生分別分配到入會條件嚴格（高認知失調）、入會條件寬鬆（低認知失調）以及無入會條件的小組，並由後者擔任控制組。第一組（入會嚴格）的女生需對參與實驗的男生大聲朗讀十二個淫穢不堪的詞彙，並生動描繪兩種性行為；第二組只需大聲朗讀五個與性有關但無害的詞彙；第三組則不需大聲朗讀。然後，每個受試者都獲知自己通過了「尷尬」試驗，可以參加一個進行中的小組討論。為了持續提供刺激材料，受試者必須聆聽同組成員的發言，但以受試者並未讀過討論的書為藉口，不讓她們發言。接下來，受試者會聽到一個有關低等動物第二性行為（secondary

---

[1] 請見第七章，註釋 10。

sexual activity）的無聊討論；討論時發言的成員（四個大學女生）語調沉悶，話中自相矛盾，整體來說非常無趣。討論之後，受試者會為這場討論和參與者打分數。這些分數用來測量受試者對這個小組的態度。

測試結果出現明顯的區別。比起第二組入會寬鬆及第三組無入會條件的受試者，第一組大聲朗讀淫詞、入會嚴格的女生顯然更喜愛這個小組及其參與者。後兩組成員對小組的印象並無明顯區別。

Aronson-Mills 的實驗和結論招致了眾多批評，以及各種不同的解釋。批評著重在實驗中用來測量入會嚴格程度與團體喜好程度之操作程序的特定面向。不論是入會條件或是團體的討論都和性有關，因此入會嚴格可能會挑動女孩對性話題的關注，使她們急於參加團體的討論。或者說，入會條件會給人一種期待，期待未來將充滿更有趣也更撩人的討論。此外，受試者假如成功通過嚴格的入會程序，有可能會比那些入會寬鬆的受試者更有信心，也對自己成功的表現更開心，也就有可能更喜歡所屬的團體。

或許我們可透過重複 Aronson-Mills 實驗的要素，對這些批評進行評估：（1）藉著使用入會性質與團體討論本質不同的個案，排除建立在入會滿足感之上的解釋；（2）藉

著隱瞞對受試者在入會任務成功或失敗的告知，排除建立在相對成就感之上的解釋。

Gerard 和 Mathewson 做了這項實驗，以身體的疼痛（電擊）做為入會條件，對測試結果的告知各不相同，也包括受試者接受電擊卻不知道這是入會程序的一部分。測試的結果完全符合認知失調理論的預測：入會條件愈嚴格（痛苦增加），受試者就越喜歡沉悶的團體討論（這一次討論大學生作弊），不論他們是否得知自己有無通過疼痛測試。針對無關入會的情況下（只有電擊而未說這是入會條件），討論的沉悶並不會帶來任何認知失調，因為受試者承受電擊折磨並不是為了在沉悶的團體取得會員身分。在此情況下，不會提高此人對團體的喜愛。只有當潛在的認知失調存在時（只有在存在入會審查的情況下），認知失調理論的預測才能被證實，並進一步支持理論對入會程度嚴格與喜好程度大小關係的解釋。事實上，這個結果甚至比 Aronson 與 Mills 原先的實驗結果還要強烈。

149

嚴格的入會條件對行動主義的影響

不論是 Aronson-Mills 還是 Gerard-Mathewson 的實驗，

研究都設計成只讓受測者在一小段時間內體驗一次團體的活動。此外在實驗過程中，不論入會條件是否嚴格，受試者都無法主動或是積極地參與。但這兩種情況與現實不符。團體的活動會持續一段時間，且成員也不只是被動地參與「正發生的事」。因此，目前所做的實驗很可能僅測試了在入會嚴格與入會寬鬆的情況下，受試者對令人不滿的團體的**最初**反應。一旦申請入會者成為正式成員後，假設團體的活動依然令人失望，認知失調的情況將會愈來愈難以否認與忽視。因此，走出認知失調的路愈來愈不可行，但有另外兩條減輕認知失調的路擺在眼前，特別能夠吸引那些因入會嚴格而帶著很高期待加入團體的人：第一種方式是從團體中叛離，第二種則是透過創新與改革活動，主動對團體進行重組與改善。

第一種方式只有在成員能輕易退出團體時才可行，也就是當**叛離成本**低的時候才有可能。不過，這不見得是一種令人滿意的解決方式，因為這會引發更進一步的認知失調（「我吃了苦或是支付了高額入會成本才加入」與「我現在要離開了」）。我們不難想像，如果有功能目的類似的團體，轉換效忠對象的可能性就更高。當叛離成本較高或是存在難度時，一個人可能會試著為自己的叛離行動尋找社會支持，試著降低叛離產生的認知失調：他甚至會試著說服其他

人一起跟進。換言之，經歷嚴格審查而入會的人，將會是團體的批評者；有的是從內部威脅叛離並勸說其他人一起走，有的則是在叛離之後從外部進行批評。

　　第二種方式無論在理論層面還是在實踐層面都最耐人尋味。一旦叛離不易或根本不可能，若想減少對團體的喜好與缺點之間的認知失調，最有效的方式就是採取行動重組團體，並剷除團體的負面形象。這種解決方式有利於個人，因為它能有效化解成員的左右為難。對團體來說，這樣做甚至更有價值，因為透過創新改善團體，能提高團體的長期生存能力。由於成員的高度期望與團體存在負面特質的實際情況之間有落差，此將促成行動主義者行為及創新。這樣的可能性也是個人在行為過程可能產生的各種成本之一。舉例來說，他必須花費時間、精力、個人技能與其他的資源；假如所屬團體無法改變，或自己沒有足夠的影響力，還得承受壓錯寶的風險。

　　現在，我們可以簡單提出一個有待檢驗的新假設。一個人歷經嚴格的入會審查成為團體的一份子卻覺得不滿，此人對團體的喜愛程度，只有在一開始會大過入會寬鬆的人。有時候，入會嚴格的成員將率先做出主動創新之舉，掃除團體內部的不滿。從行為上來看，他們會提出方法來改善團體，

成立委員會籌畫改善之道，試著找到並聯繫團體的領袖與其他成員。除此之外，入會嚴格的成員叛離時會積極招募其他成員一起叛離，並尋求社會支持。

151　　當入會嚴格的成員要改善團體或是從中叛離時，他們很有可能把團體目前的情況說得比實際情況更「腐敗」，以向自己與他人證明行動的正當性；此時此刻，他們對團體的評價會比入會寬鬆者的評價還差。因此，身為團體的一份子，入會條件嚴格的成員對團體的喜愛程度，起初是**大於**入會條件寬鬆的成員，後來則**小於**入會寬鬆的成員。這項預測是否能透過實驗證實，將相當有趣。

實驗

我們可以修改 Aronson 和 Mills（1959）還有 Gerard 和 Mathewson（1966）所採用的實驗典範，讓受試者真的參與並加入團體一連串無趣的討論，藉此驗證前面所提出的假設。實驗從史丹佛大學找來自願的大學生擔任受試者，讓他們參加五次催眠訓練課程，然後給若干車馬費。受試者分別經歷嚴格的入會審查、寬鬆的入會審查以及毫無審查（也就是控制組）。他們接收到的訊息是無法完成整個訓練將一毛

錢都拿不到（叛離的高成本），或是只扣掉無法參加的訓練次數並損失部分車馬費（叛離的低成本）。如此一來，整個研究設計就變成一個三乘以二總共六種的情境，其中一項變數是入會難度，另一項變數則是叛離與否。實際的實驗僅包含入會審查的過程，還有三次訓練課程，然後測量受試者在這段時間對團體、活動、成員的喜愛程度，也包含各式各樣的機會示範行動主義者的舉動或創新行為，設計來改善沉悶的組織與團體活動。

實驗程序

當自願參與五次催眠訓練課程的受試者來到實驗室之後，將會先讓他們填寫個人基本資料與問卷，了解他們自願參與的主要原因，還有測量他們對小組、活動、成員有何期待：問卷分別詢問他們對小組的喜好、興趣、沉悶、生產力、教育價值、智力、娛樂、對小組的吸引力、組織等問題的看法。為了測量受試者的喜好程度與吸引力，每一次入會審查以及課程結束後都要重複做一次測量。受試者在不同催眠課程階段的評分資料，將成為比較的基礎。

除了第三組（即控制組），所有受試者都要參加入會審

152

查，也就是一道選拔的過程，然後將那些身心無法勝任催眠訓練或無法和小組其他成員共處的人先排除。篩選後的受試者再隨機分配到入會嚴格及入會寬鬆的兩個小組。控制組則直接跳過此一階段。

以催眠訓練當作小組活動主軸的優點，在於刻意採用的嚴格入會條件可以很自然地成為評估程序的一環（這一點前兩項研究就顯得有些人工鑿痕）。嚴格的入會條件包括一連串極耗體力或令身體不適的活動。第二組的活動品質和第一組相同，但數量較少。他們對受試者指稱一切活動都是用來評估催眠對受試者身心運行的影響。入會之後，受試者將會得知參與特定計畫的報酬：一種是**只有**完成所有訓練才會在實驗結束時領到一筆車馬費（叛離成本高），另外一種則是少完成一項課程就扣掉總金額五分之一的車馬費（叛離成本低）。

參加各組活動之前，每位受試者都要閱讀其他受試者的自我陳述，並被告知自己將全程與固定的一群人一起參與活動，並完成一份問卷，做為測量入會嚴格對小組期待與喜好程度的影響的指標。每一位受試者都會被介紹給同組的其他成員。每一個小組包含七位受試者，兩位經過嚴格的入會審查，兩位入會過程較寬鬆，還有兩位來自控制組，最後再加

上一位暗中安排的實驗者同夥（其他人並不知情），而下面
會提到實驗者的角色是擔任小組組長（其他人也不知道他是
實驗者）。

　　第一階段：第一階段會先播放一卷〈催眠是什麼？〉的
錄音帶，內容是講者囉哩八唆地講著「你不知道的催眠」這
種無聊透頂的事，主要包含一些早期催眠的瑣碎資訊，並討
論何種實驗設計才能成功評估催眠的效果，只是討論相當複
雜、含糊且前後矛盾。接下來受試者會聽到一段標準的催眠
敏感度測試（hypnotic susceptibility test）錄音帶，內容相當
冗長且乏味。此時，研究人員宣布休息，而休息前每位受試
者都要評估個人對小組的看法。

　　第二階段：第一階段與第二階段中間有十分鐘休息，受
試者在這十分鐘不能和其他人討論訓練內容（但要思考所學
並把注意力放在小組的評分），接下來第二階段開始。先是
重複播放第一階段的催眠敏感度測試錄音帶（為了信度
〔reliability〕），之後組長向受試者進一步「說明」。接下
來，他又開始談催眠敏感度以及統計相關的無聊問題。這
時，上面提到那位同夥開始威脅要叛離，聲稱這不是他自願
來學習的東西，並詢問其他成員是否要一起退出。此時現場
的實驗人員明確表態，參與實驗完全看個人意願，只能用自

願的受試者，所以想退出的人都可以離開。有多少受試者同意跟同夥一起離開，成為測量叛離的指標；當然也包括那些自動表明離開意願的人。他們對威脅要叛離的受試者說要等第三階段結束才可以離開，然後隔天傍晚就不用再回來參加最後兩個階段。這樣就排除實驗間受試者流失（subjects loss）的問題。我們也注意到有些成員試圖勸阻他人叛離。第二階段結束時，實驗人員照例發了問卷，測量受試者對小組的看法，然後又發了另外一份問卷，請受試者提出對小組組織與活動的修改建議。這就是第三個指標：測量創新行為。

第三階段：短暫休息後，第三階段重新開始，只不過現場實驗人員消失了。此時，有位研究生進入實驗室，通知大家組長要他終止這個階段，然後要跟大家說明下一個階段，並蒐集一些意見。他唸了一份聲明，提到最後兩個階段和上一個階段類似，然後說明最後兩階段的一些細節。他（**不動聲色地**）再看了每位受試者最初寫下的「絕對喜歡」（commitment-liking）的評價，讓認知失調的情況更明顯。

接下來，他們向學生說想和組長討論小組活動及參與經驗的人，可以和組長約時間討論。受試者必須說明自己打算討論什麼問題、幾點到，以及他們預估要花多少時間和組長

討論。這些意圖都是測量創新動機的「行為指標」（behavioroid）；而實際如期赴約的受試者人數，就是真正的行動者。

最後，這名研究生主持了由同夥發起的「自主」討論（如果沒有其他人發起的話）。討論的時候錄音，並記錄創新行為，改善小組活動的建議，以及每一位受試者的叛離威脅。這個階段結束後，他們會提醒最後兩階段將在接下來的兩個夜晚舉行。隔天晚上來參加的受試者將聽取簡報，領取參加的車馬費，然後有機會加入真正的催眠訓練。沒有出現的受試者同樣會有簡報、車馬費，以及有機會參加真正的訓練，只不過是透過信件。一旦實驗完成，所有的受試者收到一份完整的實驗結果報告。

測度指標摘要

本研究所要測量的指標如下：

　　1. 對小組期待與喜好程度的測量

　　　a. 實驗前

　　　b. 加入小組之後

　　　c. 每一個階段後的狀態

2. 叛離測量

  a. 自發性

  b. 響應率先叛離的人

3. 抗議與創新的測量

  a. 自發性評論

  b. 在問卷裡提建議

  c. 約組長討論

  d. 小組討論的表現

  e. 準時與會並向組長表達意見

預期實驗結果

1. 入會條件愈嚴格，一開始對小組的喜愛程度就愈高。

2. 叛離成本愈高，一開始對小組的喜愛程度就愈高。

3. 在成員剛開始感到不滿時，若入會條件寬鬆及叛離成本較低，叛離威脅出現的頻率會比較高。

4. 入會條件最寬鬆且叛離成本最低的人，叛離小組的可能性最大。

5. 入會條件最嚴格的受試者（以及叛離成本高），對小組的觀感會產生明顯而短暫的變化。最初，他們不太或根本沒有批評（事實上，他們一開始應該會反駁對小組的批評）；但過了一段時間之後，這些受試者將成為最會批評的人，即開始走向抗議或叛離。

6. 一切新的小組行動都是由入會條件嚴格和叛離成本較高的受試者所發起。

7. 然而，如果受試者不能影響小組，而且真的叛離，他們強烈的動機將轉而反對小組。比起那些入會條件較寬鬆、叛離成本較低的初期叛離者，帶著強烈動機入會的人將會變節，更主動地破壞小組。他們會尋求其他人支持叛離行動，並傾向說服其他人一起走。

國家圖書館出版品預行編目資料

叛離、抗議與忠誠：對企業、組織與國家衰退的回應／阿爾伯特・赫緒曼
（Albert O. Hirschman）著；李宗義、許雅淑譯. -- 二版. --
臺北市：商周出版，城邦文化事業股份有限公司出版：英屬蓋曼群島商家庭傳媒
股份有限公司城邦分公司發行，民112.06 面； 公分
譯自：Exit, Voice, and Loyalty : Responses to Decline in Firms, Organizations, and States

ISBN 978-626-318-738-2 (平裝)

1.CST：社會互動 2.CST：組織研究

541.69   112008933

叛離、抗議與忠誠：對企業、組織與國家衰退的回應

原 著 書 名／Exit, Voice, and Loyalty: Responses to Decline in Firms, Organizations, and States
作　　　者／阿爾伯特・赫緒曼（Albert O. Hirschman）
譯　　　者／李宗義、許雅淑
責 任 編 輯／洪偉傑、李尚遠

版　　　權／林易萱
行 銷 業 務／周丹蘋、賴正祐
總 編 輯／楊如玉
總 經 理／彭之琬
事業群總經理／黃淑貞
發 行 人／何飛鵬
法 律 顧 問／元禾法律事務所　王子文律師
出　　　版／商周出版
　　　　　　臺北市中山區民生東路二段 141 號 9 樓
　　　　　　電話：(02) 25007008　傳真：(02)25007759
　　　　　　E-mail：bwp.service@cite.com.tw
發　　　行／英屬蓋曼群島商家庭傳媒股份有限公司城邦分公司
　　　　　　臺北市中山區民生東路二段 141 號 11 樓
　　　　　　書虫客服服務專線：(02)25007718；(02)25007719
　　　　　　服務時間：週一至週五上午 09:30-12:00；下午 13:30-17:00
　　　　　　24 小時傳真專線：(02)25001990；(02)25001991
　　　　　　劃撥帳號：19863813；戶名：書虫股份有限公司
　　　　　　讀者服務信箱：service@readingclub.com.tw
　　　　　　城邦讀書花園　網址：www.cite.com.tw
香港發行所／城邦（香港）出版集團有限公司
　　　　　　香港灣仔駱克道 193 號東超商業中心 1 樓
　　　　　　電話：(852) 25086231　傳真：(852) 25789337　E-mail：hkcite@biznetvigator.com
馬新發行所／城邦（馬新）出版集團　Cite (M) Sdn. Bhd.
　　　　　　41, Jalan Radin Anum, Bandar Baru Sri Petaling, 57000 Kuala Lumpur, Malaysia.
　　　　　　電話：(603) 90563833　傳真：(603) 90576622　E-mail：services@cite.my

封 面 設 計／周家瑤
內 文 排 版／菩薩蠻數位文化有限公司
印　　　刷／韋懋實業有限公司
經 銷 商／聯合發行股份有限公司
　　　　　　電話：(02)2917-8022　傳真：(02)2911-0053
　　　　　　地址：新北市 231 新店區寶橋路 235 巷 6 弄 6 號 2 樓

2018 年 3 月 6 日初版
2023 年 6 月 27 日二版
定價 420 元

Printed in Taiwan

城邦讀書花園
www.cite.com.tw

廣　告　回　函
北區郵政管理登記證
台北廣字第000791號
郵資已付，免貼郵票

104 台北市民生東路二段 141 號 11 樓

英屬蓋曼群島商家庭傳媒股份有限公司　城邦分公司

請沿虛線對摺，謝謝！

書號：BK7080X　　　書名：叛離、抗議與忠誠　　編碼：

 商周出版

讀者回函卡

感謝您購買我們出版的書籍！請費心填寫此回函卡，我們將不定期寄上城邦集團最新的出版訊息。

不定期好禮相
立即加入：商
Facebook 粉絲

姓名：＿＿＿＿＿＿＿＿＿＿＿＿＿＿＿＿＿＿＿　性別：□男　□女

生日：西元＿＿＿＿＿＿＿＿年＿＿＿＿＿＿月＿＿＿＿＿＿日

地址：＿＿＿＿＿＿＿＿＿＿＿＿＿＿＿＿＿＿＿＿＿＿＿＿＿＿

聯絡電話：＿＿＿＿＿＿＿＿＿＿＿　傳真：＿＿＿＿＿＿＿＿

E-mail：

學歷：□ 1. 小學 □ 2. 國中 □ 3. 高中 □ 4. 大學 □ 5. 研究所以上

職業：□ 1. 學生 □ 2. 軍公教 □ 3. 服務 □ 4. 金融 □ 5. 製造 □ 6. 資訊

　　　□ 7. 傳播 □ 8. 自由業 □ 9. 農漁牧 □ 10. 家管 □ 11. 退休

　　　□ 12. 其他＿＿＿＿＿＿＿＿＿＿＿＿＿＿＿＿＿＿＿

您從何種方式得知本書消息？

　　　□ 1. 書店 □ 2. 網路 □ 3. 報紙 □ 4. 雜誌 □ 5. 廣播 □ 6. 電視

　　　□ 7. 親友推薦 □ 8. 其他＿＿＿＿＿＿＿＿＿＿＿＿＿

您通常以何種方式購書？

　　　□ 1. 書店 □ 2. 網路 □ 3. 傳真訂購 □ 4. 郵局劃撥 □ 5. 其他＿＿＿

您喜歡閱讀那些類別的書籍？

　　　□ 1. 財經商業 □ 2. 自然科學 □ 3. 歷史 □ 4. 法律 □ 5. 文學

　　　□ 6. 休閒旅遊 □ 7. 小說 □ 8. 人物傳記 □ 9. 生活、勵志 □ 10. 其他

對我們的建議：＿＿＿＿＿＿＿＿＿＿＿＿＿＿＿＿＿＿＿＿＿

　　　　　　　＿＿＿＿＿＿＿＿＿＿＿＿＿＿＿＿＿＿＿＿＿＿＿＿＿

　　　　　　　＿＿＿＿＿＿＿＿＿＿＿＿＿＿＿＿＿＿＿＿＿＿＿＿＿